经济管理理论与发展研究

JINGJI GUANLI LILUN YU FAZHAN YANJIU

赵晓霞 著

经济管理出版社
ECONOMY & MANAGEMENT PUBLISHING HOUSE

图书在版编目（CIP）数据

经济管理理论与发展研究/赵晓霞著．—北京：经济管理出版社，2023.6
ISBN 978-7-5096-9068-0

Ⅰ.①经… Ⅱ.①赵… Ⅲ.①经济管理—理论研究 ②中国经济—经济发展—研究
Ⅳ.①F2 ②F124

中国国家版本馆 CIP 数据核字(2023)第 100652 号

组稿编辑：张馨予
责任编辑：张馨予
责任印制：黄章平
责任校对：蔡晓臻

出版发行：经济管理出版社
（北京市海淀区北蜂窝 8 号中雅大厦 A 座 11 层　100038）
网　　址：www. E-mp. com. cn
电　　话：（010）51915602
印　　刷：唐山玺诚印务有限公司
经　　销：新华书店
开　　本：720mm×1000mm/16
印　　张：11.75
字　　数：211 千字
版　　次：2023 年 7 月第 1 版　　2023 年 7 月第 1 次印刷
书　　号：ISBN 978-7-5096-9068-0
定　　价：88.00 元

前　言

改革开放以来，中国经济快速发展，社会长期稳定，引发了世界经济发展格局的深刻变化，显现了中国特色社会主义制度所蕴藏的巨大优势。随着中国共产党领导下的改革开放实践，中国共产党的领导与社会主义市场经济体制相结合，是社会主义制度在维护社会公平和经济效率制度建设上的统一，也是社会主义市场经济发展的崭新形态，为经济体制改革激发经济活力提供了制度保证。

中国经济实力、综合国力、国际地位的提升是一系列制度优势合力作用的结果，党的十九届四中全会全面阐发的我国治理体系和治理能力所具有的 13 个方面的制度优势中，党的领导、全面依法治国、以人民为中心、集中力量办大事等方面的制度优势作用于各领域，而与社会主义市场经济体制相结合，对于经济制度优势的发挥起到了催化剂的作用，引导了社会主义经济以人民为中心的根本发展方向。在党的坚强领导下，凝聚起中华民族伟大复兴的磅礴力量，使社会主义市场经济不断走向繁荣。社会主义市场经济体现了经济效率与社会公平统筹兼顾，实现最大公约数又好又快的发展，是达成符合中国国情的社会主义经济高质量发展最优解。

以马克思经济理论为指导，吸收西方经济学及传统管理思想，在社会主义经济建设中，中国经济管理者及学者逐渐形成符合中国国情的经济管理思想。基于此，本书对中国经济管理理论的发展历程进行反思、分析和研究，寻找其发展的规律。为了更好地适应国民经济的建设发展，本书还就经济管理发展新趋势进行了探讨和分析。

目　录

第一章　引　言

第一节　研究背景

人类在进行实践活动前必须要有科学的理论作为支撑。在众多的实践活动中，经济活动是最基础的，也是最具有决定性作用的活动。改革开放 40 多年来，中国社会的最大变化发生在经济领域。中国经济发展所展现出的巨变一方面是全体人民共同努力的结果，另一方面更离不开中国特色社会主义科学经济管理理论体系的指导。

我国的经济社会虽然取得了快速的发展，但也带来了许多由发展而衍生出来的各种内部问题，以及由国际环境变化而引起的一系列外部问题。从外部环境来看，2008 年金融危机以来，世界经济始终没有摆脱危机的影响，经济发展走势持续低迷。加之 2020 年初全球范围内新冠肺炎疫情暴发，全球各地区经济都遭受了不同程度的重创。在这种世界历史背景下，政治上的保守主义和经济上的贸易保护主义在全球多个地区开始抬头，为全球经济复苏蒙上了一层浓厚的阴影。我国的经济发展正面临着各种矛盾交织并行的特殊历史背景。

随着社会、经济、文化的不断发展，人类在享受日益丰富的物质成果的同时，也面临着许多生态问题，这给人类带来了极大的威胁。为了摆脱生态环境问题带来的困扰，人们不断地探寻生态问题产生的根源，寻找经济可持续发展的有效方法。要使绿色经济获得长足发展，需要从根本上把握马克思生态思想，将其与我国绿色经济发展现状相结合，从而为我国绿色经济发展指明方向。

第二节 研究意义

一、理论意义

伟大的实践需要科学的理论作为指导。没有科学的理论作为指引，新时代中国特色社会主义经济建设就会偏离方向。

经济管理理论分散于许多著作之中，对经济管理相关理论进行梳理时，通过对其发展阶段和主要内容进行概括和总结，能够系统地掌握其核心内容。同时，对中国在实践中摸索出来的符合中国国情的经济管理思想进行研究，总结中国化经济管理思想，对经济管理理论在中国的传承和发展具有重要意义，也为我们坚持走中国特色社会主义经济发展道路夯实了理论基础，指明了现实路径。

在新时代背景下，可持续发展理论越来越被推崇，可持续发展是我国解决这一问题的必然选择。我们要认识和运用马克思生态思想，大力促进经济可持续发展，使理论与实践有效结合，更好地促进经济社会的发展。

此外，社会主义制度下的经济发展是所有社会主义国家顶层设计中不可忽视的重要环节，中国特色社会主义基本经济制度的确立是在辩证汲取苏联及东欧社会主义国家的经验中不断突破和发展而来的。回顾和总结马克思主义经济理论的发展和运用，对中国经济发展在方针政策上的制定与部署有着重要的研究价值。

二、现实意义

中国虽然进行的是社会主义市场经济建设，与中华人民共和国成立初期的计划经济体制有很大的差别，但毕竟是站在之前经济基础的肩膀上前行的，在一些经济建设上仍然具有延续性，温故而知新才能更好地理解今天的经济建设方针政策。社会主义经济建设是具有连续性的，从初期的社会主义经济建设探索时期到改革开放，再到现在的社会主义建设新时代的到来，经济建设一直都是一代承接一代，经济建设的思想也具有一定的继承性。

本书系统梳理经济管理基础理论，在对传统经典理论研究的基础上，总结相关理论的优缺点，寻找可能适合中国社会发展的经济管理方法和规律，并对在中国特色社会主义经济体系建设道路上总结出的经济管理理论历史发展路径进行研究，对比中国古代经济管理思想，提炼中国特色的经济理论。

另外，通过对中国经济管理环境的研究，总结中国经济管理理论应用中的实际问题，希望能对经济管理发展趋势起前瞻性作用。

第三节 研究方法

一、文献研究法

文献法也被称为历史文献法，即通过整理和归纳与研究主题相关的文献资料，进行信息筛选，以实现研究目标的方法。这一研究方法是笔者进行研究最主要的方法。笔者通过中国国家图书馆、中国知网、读秀网、中国学术期刊网、谷歌学术、百度文库等中外数据库资源检索经济管理的主流思想，寻找经济管理理论的演变过程以期找出经济管理学体系形成的历史原因，为梳理经济管理的理论基础做铺垫。

另外，以经济管理学经济学管理学经济管理发展、国民经济发展等为关键词，搜索有关经济管理见解的著作、论文和相关研究，梳理经济管理学思想，比较国外经济管理学的发展过程，吸收有益经验来解决这些问题，从而更好地以经济管理理论指导经济发展。

二、历史分析法

本书侧重对历史研究，通过对历史的梳理来分析不同阶段经济管理学的特征及规律，总结过去的经验为未来的发展奠定基础。因此，本书从历史的角度出发来梳理经济管理学的发展脉络，找到其变迁过程，以期能更加准确地把握经济管理学的本质和规律。

对经济管理理论历史演变过程作历史分析，就是要运用历史分析法来追溯经济管理实践的起源，分析不同时期的历史背景，把握各历史阶段经济管理的模式和特征，真正找到经济管理的客观规律，从而归纳经济管理的一般理论依据。

三、比较分析法

比较分析法的关键在于辨析不同事物发展的共性与特性的同时，还应当指明一种事物与另一种事物所具备的进步与完善之处进行对比，而不是单纯地将不同的事物进行简单罗列和单向对比。本书选取的比较对象是“锡克模式”与“兰格模式”两种不同的社会主义经济改革模式，除了对两种模式的异同进行横向比较之外，还对相关的历史事件做了纵向比较。通过横向与纵向的立体化比较，能够更加深刻、全面、多维地理解事物发展的历史过程和未来走向。

第二章　文献综述

第一节　关于马克思经济思想的研究

一、关于生产力的讨论

长期以来，国内关于马克思和恩格斯生产力概念的研究虽然存在争议，但是从整体上来看，基本沿袭了苏联教科书体系的认识。王慎之（1988）在《生产力理论史》中通过对马克思和恩格斯生产力概念的考察，认为生产力=劳动能力→综合生产力（劳动能力向综合生产力转化的过程中又包括社会生产力和自然生产力）。在他看来，生产力是社会生产力与自然生产力相结合的产物。张志诚（1987）在《生产力经济学基础问答》中认为，弄清楚生产力的概念是十分重要的，不清楚生产力的确切含义，就不能正确理解生产力经济学。他认为生产力是指“劳动者征服、改造自然，生产社会物质财富的现实力量”。刘福垣将生产力等同于生产方式和生产关系，认为生产力就是“人类改造自然的能力”。郭杰忠（2008）认为，生产力既是指劳动者的力量，也是指人们在社会联系中形成的社会力量，是“人们用来改造自然界和社会的人力、物力的总和”。周德海（2013）在《马克思生产力概念研究的回顾与反思》中详细讨论了马克思和恩格斯的生产力概念，对生产力的传统理解进行了批判。杨乔喻（2013）认为，长期以来一提到生产力就会想到劳动者、劳动对象、劳动资料三个要素，认为这是对马克思、恩格斯生产力概念的误读，主张必须回到生产力概念生成的原初语境，即德国哲学家赫斯（Moses Hess）和德国经济学家李斯特（Friedrich List）意义上的“共同活动”与

“综合经济水平”。

总体来说，国内学者虽然从不同学科对马克思和恩格斯的生产力概念进行了解读，但基本都是沿用了苏联教科书体系对生产力概念的理解，即将生产力视为一种影响和改造自然的力量，并未涉及生产力概念的生态意蕴。可以说，这一认识是与当时的特定历史发展背景直接相关的。随着时代的发展和研究的深入，苏联教科书体系的片面僵化理解不断受到质疑，马克思和恩格斯的生产力概念被赋予了新的内涵。但是，学术界关于生产力的内涵仍存在争议，这也恰恰印证了法国哲学家艾蒂安·巴里巴尔（Etienne Balibar）的判断：生产力概念表面的简单性却暗含着许多困难。

关于生产力所包含的要素，国内长期存在“两要素”说和“三要素”说的争论。随着时代的变化，很多学者超越了“两要素”说和“三要素”说的争论，提出了多要素的综合说。王慎之（1988）认为，劳动过程包含的基本要素就是生产力包含的基本要素。如果动态地考察生产力，生产力包含的要素便更为复杂化，除了其基本要素外，也包括资源和科技等要素。所以，在他看来，生产力的构成是复杂的。徐水华认为，劳动过程的要素不一定等于生产力的要素，二者所包含的要素是不完全相同的，生产力是一个复杂系统，因而所含要素要比劳动过程所含要素复杂得多。覃志红认为，生产力包括主体要素、自然要素以及工具和技术要素。郭杰忠（2008）认为，不能简单地把生产力归结为两要素或三要素，生产力不是一成不变的，只有对生产力构成要素做动态的考察才能科学地理解生产力，如在传统经济发展中，“劳动力和原材料是生产力主要因素，而现阶段科学知识、技术是提高生产力的决定要素”。田超伟和卫兴华认为，生产力除了劳动者、劳动对象、劳动资料这三个基本要素外，也“包括科学技术和自然力等要素”。孔维萍（2002）认为，对生产力具体构成要素的理解直接关系到生产力内涵的界定，过度强调生产力的基本构成要素会弱化知识要素在生产力中的地位。所以，在她看来，生产力除了基本构成要素外，还包括科学技术、应用管理技术能力及协调社会与自然关系的能力。①

总体来说，学术界对生产力的“两要素”说、“三要素”说、“综合要素”说的争论，都没有脱离生产力实体性的三个基本要素。所以，不论生产条件发生了什么变化，劳动者、劳动资料和劳动对象都是生产力的基本构成要素，只是在不同的时代条件和生产条件下，生产力各个构成要素发挥作用的大小存在差异。虽然科学技术要素对生产力的推动作用日益突出，但是并不是独立发挥作用的，

① 张志诚．生产力经济学基础问答［M］．北京：中国经济出版社，1987.

而是通过与生产力的基本构成要素相结合转化为现实的生产力来实现的。

自第三次科技革命以来，高速发展的科学技术极大地推动了全球生产力的发展，加之我国正处于解放和发展生产力的关键时期，这样的背景下，学术界围绕科学技术与生产力之间的关系展开了丰富的讨论，取得了一定的成果。杨明刚（1992）认为，“科学技术自身的性质决定了它是生产中的决定因素”，是历史发展的杠杆和推动力。涂金坤和王志国（2004）认为，科学技术作为生产力发展的第一要素，在生产力发展中具有先进性、主导性、开拓性和超前性，并认为科学技术可以无限放大生产力构成要素的作用。王慎之（1988）认为，科学技术是否是生产力，要做具体分析。将科学技术作为意识形态时，科学技术不是生产力，只有应用于物质生产过程才是现实的生产力。为此，他沿用了马克思和恩格斯的观点，认为科学技术是一种对生产具有推动作用的力量。魏屹东（2003）认为，与传统生产力不同，当代生产力已经科学技术化，并断言在未来社会“生产力系统将完全科技化”，即劳动者、劳动资料、劳动对象以及管理将完全科技化。刘大椿（2018）在《马克思科技审度的三个焦点》中详细分析了科学技术在生产力发展中的作用，他认为科学技术在生产中不同程度的应用，对生产力具有不同的影响，即在科学技术初步应用于工业生产实践时，科学技术是对生产力发展具有推动作用的力量；在科学技术大规模应用于工业生产实践时，科学技术表现为直接的现实的生产力；当科学技术全面应用于工业生产实践时，科学技术对生产力具有绝对的支配力，成为推动生产力发展的第一要素。此外，学者梁树发也持有相同的观点，即认为科学技术是推动生产力发展的第一要素。

国内学术界就科学技术是生产力这一认识已经形成共识，表明了学术界对科学技术生产力性质的肯定。同时，我们也应避免落入“科技决定论”的窠臼，应综合考察科学技术与其他要素在生产力发展中的作用，因为生产力是一个各要素协同的复杂系统。

二、关于工业革命思想

叶险明（2007）提出，制度的变革、社会财富的积聚、世界市场的扩大、技术条件的准备以及文化变革五个要素组成了马克思关于工业革命发生的条件系统，其中，起主导条件的是制度的变革，内驱动力则是观念的变革。时家贤（2011）认为，三元革命的时代影响、工业化作为社会运行的动力、市场机制形成以及社会各阶层随着工业发展的深入而不断分化构成了马克思恩格斯工业化理论产生的背景条件。程宏燕（2012）表明，在农业向工业文明转化的进程中，马克思认识到了“交往”的重要性，并把“交往”定义为核心词，科学技术的存在既需要工业这种连接人与自然活动的土壤，也需要商业这种连接区域间交往的中介。张建民和崔春莹（2019）认为，科学技术革命决定了工业革命的发生，科学技术既是生产力，也操纵着生产力成为最活跃、最革命的要素，这是马克思工业革命思想对唯物史观最精辟的笺注。与此同时，马克思还认识到，农业劳动生产率的提高是工业化的前提，现代科学和技术是引起工业革命的核心要素。翟杰全和陈君（2019）强调，对于资本主义国家走上工业化道路起决定作用的是资本追求增值的本性，正是基于资本追求增值的需要，资本家才不断鼓励创新、改进生产技术，并将其运用于生产过程。龚唯平（2001）认为，马克思对16世纪欧洲历史的考察，从五个层次阐述了英国产业革命的社会历史条件，包括农业革命，原始积累的扩大，商业资本的发展，资产阶级革命及宗教改革以及科技革命与工场手工业的发展。王英和潘抒灵（2010）指出，马克思一生见证了19世纪的欧洲由于工业革命引起的经济进步和自然科学发展，也影响了社会科学的重塑。

曹克（2004）强调，马克思对大工业的关注主要是对其生产的物质生产材料如何变化以及如何应用的关注。工业领域的发展在马克思那里被认为是以机器广泛应用的形式，是现代工业的基础。基于此，马克思通常把具有蒸汽动力的机器的运用比喻成工业革命的开端，用以归纳机器大工业的性质。李宏伟（2018）认为，马克思对工业革命起点的认识不同于历史学家对工业革命的考量。虽然蒸汽机在工业革命中具有伟大历史作用，但是工业革命的起点不是非动力“蒸汽机”而是“机器”工具机。马克思强调无论是作为生产力还是作为劳动资料的工具与机器对于社会革命都具有重要意义。

三、关于劳动力市场

（一）劳动力市场分割思想

马克思在《资本论》中探讨了资本对工人阶级分化或分割的影响，以剩余价值生产和资本积累中的资本家与工人阶级的矛盾为出发点分析了劳动力市场分割的形成。在其理论中，劳动力市场的分割在整体上表现为相对过剩人口的积累或产业后备军的累进生产，在局部又体现为雇佣劳动力的资本职能化。

资本积累是导致劳动力市场分化的主导力量。从表面上看，资本积累会增加劳动力的市场需求，资本的积累就是无产阶级的增加。在剩余价值转换为资本的过程中，需要将更多的劳动力吸引到无产阶级的队伍中来。但事实上，资本积累在增加劳动人口的同时也在不断减少劳动人口的必要部分。资本积累在导致资本有机构成不断提高的同时，还会对与资本有机构成不相适应的劳动力产生巨大的排斥力量。这些被排斥于生产过程之外的劳动力构成了相对过剩人口，成为可以被资本随意支配的产业后备军。同时，这些劳动力并非会永久地游离出劳动力市场，而是处于一个“次级”劳动力市场，在新生产部门兴起或旧生产部门市场突然扩大时，他们仍有可能再次被纳入劳动力市场，因此只能称得上是“半失业人口”。就业人口和半失业人口或现役军和后备军之间的身份差异成为劳动力市场分割的重要表现形式。

（二）劳动力市场扭曲的成因

从既有文献来看，政府在以下几个方面的管制和干预政策可能会对中国劳动力市场扭曲产生影响：

1. 经济开放政策

既有文献主要从劳动力市场价格扭曲角度考察了经济开放政策影响。从理论分析来看，政府的经济开放政策会从两方面对劳动力市场价格扭曲产生影响：一方面，基于赫克歇尔-俄林定理（Heckscher-Ohlin Theory）和斯托尔珀-萨缪尔森定理（Stolper-Samuelson Theorem）等传统贸易理论，经济开放水平的提高有助于提升在劳动力资源禀赋上具有比较优势的国家的劳动力需求和价格（Spector，2004）；另一方面，经济开放水平的提高会降低劳动力的议价能力，进而加重了劳动力市场扭曲（唐东波，2011）。从实证分析来看，既有文献主要以外商直接投资或对外贸易作为经济开放水平衡量指标，并从上述两个理论视角进行了实证考察。Liu 等（2004）基于中国广东省调研数据的研究表明，外商直接投资的流入带来了更多的劳动力需求和就业机会，并且外资的工资外溢效应有利于提高劳动力的工资水平，缓解了地区劳动力价格扭曲。邵敏和包群（2012）的实证研究表明，中国政府在引资竞争中普遍存在“工资向下竞争”现象，因而外资的进入会导致中国劳动力工资向下扭曲程度不断加大。周云波等（2015）的实证研究表明，外商直接投资会通过劳动力转移效应和技术溢出效应对企业间的工资差异性产生影响，并且当前外商直接投资对企业间工资差距具有改善作用。Tomohara 和 Takii（2011）的实证研究表明，外商投资可以通过人力资本效应和技术效应使劳动力的议价能力提高，进而对劳动力市场扭曲具有缓解效应。谢申祥等（2019）考察了开放经济体系下劳动力工资的决定机制，研究发现稳定的开放经济政策有利于提高劳动力的工资议价能力，进而提高了劳动力的工资收入水平。

2. 环境规制

政府对环境规制强度的提高会影响企业的生产成本、要素投入以及技术创新水平，进而会对劳动力工资和就业机会产生一定冲击。理论上，一方面，环境规制产生的创新效应和成本效应会对劳动力的边际产出和实际工资产生不同影响，进而会影响劳动力的价格扭曲程度（安孟、张诚，2020）。在严格的环境规制下，为达到相关政策标准，企业会不断进行技术创新以减少生产中的耗费和污染，这在一定程度上也提高了劳动力的边际产出。同时，对环境污染的处理也导致企业的治理成本提高和利润下降。根据租金分享理论，劳动力的实际工资也会随着企业利润下降而减少。在边际产出提高和实际工资减少的共同作用下，劳动力的价格扭曲程度也会加剧。另一方面，环境规制对企业成本和利润的冲击也会造成企业用工规模的减少，进而导致劳动力非自愿失业增加。在城乡二元结构体系下，环境规制对城镇本地劳动力的就业抑制效应要小于城镇农民工，这进一步加剧了劳动力市场的就业机会差异和配置扭曲（范洪敏、穆怀中，2017）。实证上，杨振兵和张诚（2015）采用中国工业行业数据的实证研究表明，环境规制强度的提高一方面促进了劳动力边际产出的提高，另一方面抑制了劳动力实际工资的增长，进而导致各行业的劳动力价格扭曲加剧。安孟和张诚（2020）采用中国省级面板数据的研究表明，环境规制虽然改善了环境质量，但是却不利于劳动力收入的提高，并加剧了劳动力的价格扭曲。秦明和齐晔（2019）采用城镇住户调查数据的实证研究表明，环境规制不利于劳动力工资的增长，并且环境规制对低技能劳动力工资的抑制作用要大于高技能劳动力，导致劳动力之间的工资差异不断提高。仲伟周和陈玉洁（2019）采用中国地级市数据的研究表明，环境规制对国有企业和私营企业就业具有不同的影响机制，环境规制导致的产业结构调整会促进国有企业的就业规模增加，但是减少了私营企业就业规模。

3. 户籍管制

户籍制度的存在使迁移到城镇就业的农村劳动力更易被识别，进而在城镇中形成了相对互斥的二元劳动力市场，即城镇本地劳动力市场和农民工劳动力市场（孙婧芳，2017）。不同身份劳动力在就业机会配置机制和工资决定机制上存在较大差异，主要体现为劳动力市场的就业机会不平等和同工不同酬现象。研究发现，在就业机会差异方面，户籍制度使农村劳动力在国有部门、管理岗和技术岗等优势工作岗位中存在进入障碍；在工资差异方面，农村劳动力和城镇劳动力的工资决定机制存在系统性差异，并且二者的收入差距呈扩大趋势。吴贾等（2015）考察了户籍歧视对劳动力市场工资和就业的影响，研究发现户籍歧视使城镇劳动力具有更高的工资收入，并且城镇户籍的工资溢价效应仍逐年增加。此外，也有学者从户籍制度改革效果角度考察了户籍制度逐渐放松后的劳动力市场的扭曲变化。宋锦和李实（2013）的实证研究表明，城乡户籍一元化改革使农村劳动力获得了更多的就业机会；孙文凯等（2011）的实证研究结果则表明，户籍制度改革在促进农村劳动力流动上的作用效果并不明显。

4. 最低工资管制

政府制定最低工资标准的主要目标是保障低收入劳动力的工资收入，缩小劳动力之间的工资差异，进而缓解劳动力市场的价格扭曲。然而，对最低工资的管制也可能适得其反。从劳动力价格差异化来看，最低工资确实可以通过消除低技能岗位而使劳动力之间的工资分布更加平均（Belman and Wolfson，1997）。从劳动力的就业配置来看，最低工资标准会提高企业的劳动力成本，导致企业用资本替代劳动力，进而减少了劳动力市场的就业机会；同时最低工资上涨还会带来产品价格的上涨和需求的减少，产品需求的降低会进一步引致劳动力需求的减少（Wang and Gunderson，2010）。更为重要的是，最低工资制度可能导致劳动力在空间配置上的扭曲，即由于各地区在制定最低工资标准时往往各自为政，从而导致了城市间的割裂，并产生了劳动力跨区域流动的政策壁垒，造成了城市间的劳动力错配（梁琦、王斯克，2019）。在实证分析上，马双等（2012）采用制造业的企业数据，考察了城市最低工资制度对劳动力工资和就业的影响。研究发现，最低工资制度虽然在一定程度上提高了劳动力的工资水平，但是也减少了劳动力的就业机会。

四、关于马克思经济思想的应用

（一）在社会主义市场经济方面的应用

中华人民共和国成立后，在建设社会主义国家的同时，计划经济的实施过程中，中国的经济发展方式大量借鉴了苏联的发展模式，生产的有计划、按比例成为当时的主要生产方式。但是改革开放的进行，使市场开始逐渐参与到社会主义的经济发展中。随着改革的不断深入，对社会总资本的再生产理论的研究向更适合中国特有的经济方式的应用方向进行，而对国民经济如何按比例发展成为改革开放初期学术界讨论的重点。

在改革开放初期，在有计划的商品经济下如何实现按比例生产是这一时期的研究中心，其中有学者在分析马克思的再生产理论如何进行社会主义的再生产过程中认为，若要保证生产，则要使各个生产要素之间保持合理的比例，才能实现再生产的顺利进行（陈征，1981）。此外，各要素之间的比例关系不仅在于两大部类的比例，还包括生产内部、外部的一系列因素，才能实现平衡增长（罗季荣，1982）。在此基础上，有学者还得到了社会主义市场在再生产过程中的平衡关系需要通过积累与消费之间的合理比例来实现（李功豪，1981）。

社会主义市场经济体制的建立使运用社会总资本再生产理论探讨我国的现实经济运行，以及对宏观政策层面的解读成为研究的中心，同时讨论社会主义市场经济的运行机制和管理调控也成为理论界讨论的热点。

关于社会主义市场经济下再生产能否保证平衡发展已成为学者讨论的一个重要的关注点。还有学者认为在现实的再生产过程中，按比例平衡生产是不可能实现的状态，保证在一定合理的范围下进行非均衡生产就可以实现经济相对平稳的发展。因此，政府在可控的范围内对非均衡进行调整，以实现经济在相对平稳的状态下发展（方兴起，1996，2008；刘伟、方兴起，2013）。此外，在对宏观经济政策进行研究中，有学者认为良好的货币制度是使再生产顺利进行的保障（胡钧，1996）。还有学者认为建立在社会总资本再生产理论下的宏观经济分析体系是解释市场经济下的供给与需求的重要方法。还有学者则是以社会总资本的再生产理论为基础，通过运用西方经济学国民收入决定论来构建中国特色社会主义市场经济下的宏观经济模型（王健，2013）。

（二）在结构调节、宏观调控等方面的应用

对马克思的两大部类再生产理论过程中出现的针对产业结构调整进行的政策进行了较多探讨。有学者认为，在给定剩余价值率和积累率的前提下，在资本有机构成不变的状态下，社会总资本的再生产是可以持续维持均衡状态的。但是若第Ⅰ部类的生活资料补偿小于第Ⅱ部类生产资料的补偿，则会造成第Ⅰ部类生产资料的相对短缺和第Ⅱ部类生活资料的相对过剩。因此，有学者认为解决两大部类失衡的问题，需要通过从供给侧，即生产端开始进行全方位的深度变革，才能实现国民经济的均衡增长（吴义刚，2019）。在进行供给侧结构性改革的过程中，还有学者认为需要对消费进行更为深度的认识，因为单纯的以追求价值增值为目的进行的再生产必然会导致经济的失衡，有进而引发危机的可能性，因为马克思再生产理论的方法论意义中消费是生产的最终目的。此外，有学者认为，马克思的再生产图示是在两大部类之间的产品供给、结构供给、技术供给下形成的，正是由于这种在供给方面的比例关系的存在，使马克思的再生产理论对我国现阶段实行的供给侧结构性改革具有非常重要的积极指导性作用。由于供给的实质是生产，因此供给侧结构性改革在于对结构的调整。在进行供给方的结构性调整的过程中，不应该忽视对劳动者生活资料的供给质量和供给效率的考量，在改革的过程中，应真正地把“以人民为中心”的目标落到实处（胡莹，2019）。此外，马克思在以科学抽象的叙事逻辑中，将整体观和结构观两个视角的扩大再生产研究整合到一起，得到了扩大再生产是实现产业发展的内在力量和实现形式，并从整体和结构两方面助推了产业升级和产业失衡两方面情况。因此，有学者运用马克思的再生产理论对我国的产业演进进行具体分析，在深化产业演进的理论下，对经济运行中的产业结构失衡问题进行可行性治理分析，并提出解决策略（贺娜，2018）。还有学者从马克思的社会总资本的再生产模型出发，对我国经济发展中出现的结构性失衡问题进行分析（杨小勇、徐寅，2019）。

此外，还有学者运用马克思的再生产理论来解释经济增长问题。例如，在基于马克思的社会再生产理论扩展的投入产出模型下，对现有的宏观经济运行进行分析，得到宏观经济运行过程中的均衡只是一个约束条件，而并非实际的运行过程，其实际的运行状态是存在于非均衡下的。还有学者对我国转变经济增长方式的路径选择上运用马克思扩大再生产理论进行分析，得到自 20 世纪后半叶以来，劳动力内涵的扩大再生产已经在发达国家的社会扩大再生产中得到了验证。因此，还有学者认为，在我国未来的经济增长方式的选择中，应基于劳动力内涵的扩大再生产形式成为有效选择（姚宇，2013）。

第二节　中国管理学发展研究

一、近代中国管理学发展研究

1949 年后国有企业实行计划经济模式，泰勒科学管理思想长期得不到重视，慢慢淡出了人们的视野。改革开放后，情况发生了巨大的改变，20 世纪 80 年代至今，管理学的发展历程逐渐受到重视，相关著作、资料集越来越多地被出版发行。其中近代时期管理学相关研究成果大多都集中在科学管理源头和发展历程上。

许康和劳汉生（2000）在《中国管理科学历程》中，深入分析了科学管理法是如何传入中国的，对科学管理在民国时期发展的重要事项均有所记述，许多内容引人深思，可以说是研究民国时期科学管理最为全面的一部著作。后许康又在《中国管理科学研究的起步》中，对科学管理引入中国初期的一些史实进行了考证，形成了“科学管理法传入中国源流探索”等一系列的文章，可以说这些文章解决了科学管理何时、由谁传入中国等基础性问题，对管理学最初的源头研究具有很大的参考价值。

高超群（2008）在《科学管理改革与劳资关系——以申新三厂和民生公司为中心》中，以科学管理法造成的管理权的转移和管理方式的变化为研究对象，以科学管理实施过程中劳资关系的改变为视角来探讨管理改革引发的制度变迁以及劳资双方在此过程中的互动。王圆圆（2014）在《近代以来中国管理学发展史》中，统揽了自1895年以来的中国管理学发展历程，并与国外同时期管理学发展概况进行对比研究，在第八章中国管理学的萌芽阶段的第五节中着重论述了中国近代高校管理学教育的发展，这在以前管理学的著作中都是没有的，开创了对中国近代高校管理学的研究。

除此之外，对民国时期科学管理人物的研究成果也颇为丰富，主要集中在将科学管理法正式引入中国的第一人穆藕初和成功运用科学管理法经商的王云五身上。唐任伍（2012）指出，穆藕初是中国科学管理法引入的第一人，也是中国近代管理科学的奠基人，推动了中国近代企业的现代化。

王建辉（2000）提出的科学管理法是商务印书馆摆脱困境提高效率的良法。金炳亮（2006）在《文化奇人王云五》中，提到王云五在经营管理上的措施，并对其改革措施也进行了评述。以上的著作都肯定了王云五对科学管理在中国的传播所做出的贡献。

二、高等教育中的管理学发展

根据时间发展将我国高等教育管理学科的发展分为四个阶段——前学科阶段、学科萌芽阶段、学科探索性发展阶段、学科突破性发展阶段，并按照对高等教育管理学著作及学术性文章进行分析的思路对每个阶段的著作体系和研究内容进行了梳理总结。

（一）前学科时期：呼吁学科建立

高等教育管理活动为高等教育管理学的建立打下了基础，改革开放前，有许多著名的大学校长在办校的过程中对高等教育管理进行了一些思考，并试图找到高等教育管理的阶段特征和内在规律，在科学指导下对高等教育管理理论的系统研究和学科建设迫在眉睫。这一阶段的经验总结也为之后高等教育管理理论和实践的更好结合打下基础，促使了高等教育管理学学科的产生和发展。

（二）萌芽时期：学科逐步形成

随着全国各地研究性组织的建立和有组织的研究活动的开展，1982年，中央教育行政学院的重建使高等教育战线的管理者掀起了探讨和研究高等教育管理理论问题的热潮。在这样的背景下，中国高等教育管理研究会成立，并提出了编写有关构建高等教育管理学体系专著的任务，有关高等教育管理学的研究也初步展开，高等教育管理学作为一门学科在我国逐渐形成。通过对该阶段高等教育管理学研究成果的分析，该时期学科体系构建意识逐渐加强，宏观研究和微观研究互相配套，初成体系，并以高等教育或高等学校的管理实践作为依据，注意汲取国内外高等教育管理的有益经验，力图把我国高等教育管理的经验体系化、逻辑化，使之上升为理论。但同时通过分析也可以发现该阶段存在的主要问题：第一，高等教育管理学研究人员的专业化程度不高，以兼职研究为主，专职研究高等教育管理学的研究人员很少；第二，高等教育管理学科虽初具雏形，但仍然不完整，研究成果也停留于对当时实践经验的汇编，还没有形成完整的高等教育管理学科的理论体系，所以只能把这个时期概括为学科萌芽时期。

（三）探索时期：学科初具规模

随着高等教育研究机构的设立，更多硕士、博士学位授予单位获批。人才培养机制的健全使高等教育管理学的研究从以总结经验为主的“自由研究”的模式逐步转向了“制度化研究”的模式。特别是进入20世纪90年代，高等教育管理学理论研究得到了极大发展，实现了理论研究与实践研究并行的发展路径，逐步明确了本身的研究类型和研究范式。从该时期的研究成果来分析，这一阶段的高等教育管理学总体上呈现了“百花齐放，百家争鸣”的特点，对高等教育管理学理论体系的探究也展开了崭新的一页。相比萌芽时期，这个时期的高等教育管理学研究呈现了蓬勃发展势头，无论是在学科理论上还是在研究成果上都得到了体现。但就全国范围来说，由于受到教育经费的限制，高等教育管理学研究中以理论为基础的实证研究还没有得到普及和应用，学科建设不全面，所以这个时期是高等教育管理学的探索发展时期。

（四）突破发展时期：学科内涵式发展

人才强国战略的实施使高层次人才的培养迫在眉睫，在硕士学位点中开设高等教育管理学研究方向的院校也逐渐增多，使年轻的学者得到了更好的学术训练，也促使高等教育管理学的学科建设进入了深层次的发展阶段。通过对该时期研究成果的分析，该阶段在沿袭上阶段体系的基础上向问题研究转换，使高等教育管理学的理论和研究都实现了跨越式的发展，确定了各自的理论基础和研究范式，并对未来的发展路径进行了规划。在高等教育管理学人才的培养模式探索取得重大突破的同时，还通过对大量实践问题的分析确立了高等教育管理学的基本研究范式，所以称这个时期为高等教育管理学的突破发展时期。

从阶段的划分可以看出我国高等教育管理学科是随着我国高等教育的逐渐成熟而不断发展的，是在通过解决和关注不同阶段我国高等教育实践中所遇到的问题而不断完善和进步的，高等教育管理学已经被烙上了赋有中国特色的印记。高等教育的实践问题是结合确定的任务及目的而产生的，所以高等教育管理学不能单纯的只对管理来进行研究。比如高层次人才的培养方式变革不仅会导致教和学的组织结构和发展程序改变，而且还会导致高校中学生师资、科研机制、激励制度及校院两级关系的改变。高等教育管理学科只能在不断解决社会发展带来的现实问题中逐渐成熟，因此孤立地来讨论实践问题是毫无意义的。

另外，高等教育管理学科在发展的过程中不断平衡学科和研究领域之间的关系。视野和研究领域的拓宽使高等教育管理学得到了更快的发展。同时在发展过程中应该避免唯学科论，鼓励站在不同的社会科学角度来对高等教育管理学进行探究，从而实现高等教育管理学发展路径的创新，实现其独有的风格。鼓励高等教育管理学不同领域的深入研究，如高等教育管理学中的组织建设研究、领导和决策研究，战略规划研究等。在高等教育管理学还处于萌芽期的时候，许多学者把学科建设作为唯一目的，大多数的高等教育管理学著作都把学科发展和规划限制在“三论”之中。进入 20 世纪之后，高等教育管理学的理论基础定位在社会科学的基础学科之上，使高等教育管理学的主要研究领域都更加专业化，知识的积累和进步大大突破了早期著作所设定的知识框架。几乎所有高等教育管理学的重要研究领域都在深入化发展。①

第三节　宏观经济管理的相关思想研究

一、宏观经济管理框架

国外文献中很少能找到直接对应宏观经济管理的文献，因为资本主义经济体制更多地关注和研究的是国家干预，这与社会主义体制的宏观经济管理较为相近。国家干预理论演进可以分为以下三个阶段：

一是国家干预初期，也是资本主义的萌芽期，此时资本主义发展不成熟，这

① 王慎之．生产力理论史［M］．长春：吉林人民出版社，1988.

一时期的国家干预主要是政府扶持与帮助，因此政府积极干预的重商主义应运而生。重商主义思想产生并盛行于15~17世纪的欧洲，欧洲殖民主义的对外扩张带来了对外贸易的繁荣并带来了财富，商业资本力量开始认为，在国际贸易中的顺差行为是获得财富的重要途径，货币就是财富。二是国家干预中期。20世纪30年代世界经济危机爆发后，凯恩斯主义的观点受到关注，对于经济危机的出现凯恩斯认为导火索是供给过剩，有效需求不足引起的供需失衡。三是国家干预后期。20世纪80年代以后，资本主义国家又开始面临严重的经济萧条，增长率下降和失业率上升、财政收支恶化相互交织。国家干预和市场竞争相结合的管理机制开始兴起。新古典学派代表人物约翰·希克斯（John R. Hicks）、保罗·萨缪尔森（Paul A. Samuelson）等关注到宏观经济中的微观主体，他们认为一方面宏观经济需要干预，微观主体需要放任，新凯恩斯主义继承了旧凯恩斯主义关于货币市场地位的观点，主张政府应该实行宏观干预；另一方面集合了新古典学派观点，结合宏微观构建新凯恩斯主义的微观基础、理性预期等，形成了新综合。

国内文献中，大多数学者关注国际国内经济形势变化对宏观经济管理工作的影响。当我国宏观经济管理注重需求管理，而且管理效果并不理想时，李义平（1999）对需求管理和供给管理模式对我国经济发展的现实意义做了讨论，认为凯恩斯的需求管理政策在我国宏观经济管理中的适用性下降，要从产品供给和制度供给两方面进行供给管理。朱平壤（2001）认为，宏观经济管理与政府经济管理是有区别的，宏观经济管理更应关注其经济根源、管理职能运作和经济杠杆作用，特别是经济杠杆作用机制非常复杂，需关注杠杆政策使用后实际的乘数效应。原毅军（2001）关注我国改革开放以后经济系统复杂性变化对宏观经济管理的影响，并提出借助信息技术更有效收集宏观经济管理信息、简政放权、规范管理等手段提升宏观经济管理的有效性。余永定（2007）通过回顾亚洲金融危机教训和关注2007年东亚地区资产泡沫现象，得出健康金融体系是经济稳定的保证等三个结论，并且观察到当时中国宏观经济管理中的货币当局就面临保持汇率稳定、紧缩货币政策和商业银行盈利的三难困境。郝身永和那艺（2015）提出，在当时的国内外经济形势变动下，宏观经济管理在不忽视需求侧的同时，需更加关注供给侧。

二、宏观经济管理中的经济增长与增长决策

我国古汉语中“经济”一词有经国济世之义，古希腊流传下来第一部提及经济的文献是色诺芬的《经济论》，其中提到了家庭财富的性质与来源。关于经济增长的动因研究，对目前世界范围内的研究影响较大的主要是两大学派，即古

典经济增长理论和现代经济增长理论。

古典经济增长理论产生于十六七世纪，流行于十八九世纪之初，初步建立了经济增长的静态研究框架；以第二次世界大战前后为分界线，现代经济增长理论开始发展流行，与古典经济增长理论相比，现代经济增长更关注系统性的、技术性的因素对经济增长的影响，看重动态过程的经济增长。

现代经济增长理论产生于第一次世界大战和20世纪30年代世界性经济危机的重创之后，西方经济学者研究的重心重新转移到经济增长问题上来。现代经济增长理论的开端是罗伊·哈罗德（Roy F. Harrod）和埃弗塞·多马（Evsey D. Domar）分别在各自论文中和书籍中提出了储蓄率影响经济增长的数理模型，统称为哈罗德—多马模型。

哈罗德模型和多马模型本质上都是对收入有保证增长的表达，所以统称为哈罗德—多马模型。该模型除了有严格的前提假设外，也被评论为刀刃上的均衡。因为只有在有保证的经济增长率等于实际经济增长率等于充分就业时的经济增长率时，经济增长的路径才是稳定的。而哈罗德等也承认，这三个增长率只有在极其巧合的情况下才能相等，因此资本主义的经济增长的本质是不稳定的。

三、宏观经济管理中的经济增长与金融投入

随着社会分工专业化程度逐步加深，金融作为专业服务部门，越来越被宏观经济管理所重视，以货币政策为主要抓手的货币调控和财政调控共同支撑了宏观经济调控手段。20世纪五六十年代以来，在“帕特里克之谜”的钻研和解读中，形成了金融结构理论、金融抑制和金融深化理论、金融功能观等一系列解释现代金融和经济增长关系的观点。①

金融发展理论萌芽和起源。较早的融资思想产生于公元前4世纪，古希腊经济学家色诺芬就在《经济论雅典的收入》中提出了建立“基金”的思想，公民自愿出资的方式支持国家建设，并按照捐献金额获得相应的利息收入。18世纪古典经济学派亚当·斯密指出银行活动可以增进产业发展，在一定程度上揭示了银行和经济增长的关系。帕特里克经过论证认为金融发展与经济增长的因果关系可能存在三个方面：金融发展导致经济增长、经济增长导致金融发展、二者互相影响互为因果。正是因为不确定结论，该研究被称为“帕特里克之谜”。这种“抛砖引玉”的结论形式引发了其他学者的疑惑、关注和思考，使其成为金融发展的理论之源，后期的理论演进围绕着“帕特里克之谜”进行了更为深刻和复

① 郭杰忠．实践和发展：马克思主义生产力理论研究［M］．南昌：江西人民出版社，2008.

杂的拓展。

美籍经济学家雷蒙德·戈德史密斯（Raymond W. Goldsmith）是金融结构理论的代表，他于1969年提出金融规模扩大不是金融发展的全部，金融结构的变化才是金融发展核心的创新性理论。他把金融结构定义为一国现存的金融工具和金融机构之和，并给出了定量指标金融相关性比率（FIR），用金融资产总量与国民产出之比来度量，所有不同类型的金融机构发展的内在路径便是提高金融相关性比率。戈德史密斯的金融结构理论得出金融发展能够促进经济增长的机理是金融中介机构通过动员储蓄、吸收大众存款的方式，汇集社会闲置资金，为有资金需求的社会投资者分配资金实现投资机会，这个过程就是提高经济体系的整体投资效率，实现了经济增长。设置利率上限和信贷规模等手段会使经济发展受到阻碍，金融抑制会产生负的收入效应、负的储蓄效应、负的投资和就业效应。几乎与麦金农同时，美国经济学家爱德华·肖（Edward S. Shaw）也指出为消除发展中国家存在的“金融抑制”，需实施金融深化或者金融自由化政策，运用金融部门的市场机制进行金融资产定价，有效地控制通货膨胀。他还提出了金融深化的量化指标，比如金融资产的存量和流量，金融体系的规模和结构，金融资产的价格等。通过一系列优化金融深化指标的政策消除金融抑制，促进经济增长。

第四节 关于经济可持续发展路径的研究

一、政府投入带领企业研发投入的路径

经济增长理论主要研究经济增长中各种要素的作用，按其发展脉络和内在关系分为三个发展阶段：资本决定论、外生知识（技术进步）决定论及内生知识（技术进步）决定论。卢卡斯改进了宇泽弘文的两部门模型，将“人力资本”纳入经济增长模型中。刘建华、姜照华则论述了经济增长的共协理论，并建立模型，对中国、美国、日本等15个国家的创新贡献率进行了测算。

一些文献分析政府在提升创新贡献率过程中担任的重要角色，Guellec和Pottelsberghe（2003）对17个OECD国家的企业研发行为的影响进行定量的研究，发现政府的投入在某些领域具有关键性的作用；Jung（2014）探究了以纳米技术为代表的高新技术产业的发展过程中政策干预的影响，以及对促进国民经济增长

的重点支撑性产业对政策的影响程度。Kergroach（2019）在以经合组织各国的科学、技术和创新政策为基准概念研究了创新政策组合如何提升一个国家在全球价值链（GVCs）中的地位以及在加速工业和技术升级中的作用，研究发现多态的组合政策可以根据不同国家的经济结构特征和比较优势将不同的工具结合在不同的政策领域，提升该国科研能力并促进技术升级。Czarnitzki（2008）应用匹配模型（The Matching Methodology），利用法国企业的追踪数据（1985～1997 年）的研究，认为政府 R&D 投入对企业 R&D 投入没有替代效应。Coccia（2011）发现，虽然只是作为企业研发投入的一种补充，但公共 R&D 投入在提升一个国家整体的全要素生产率的过程中的地位确实是决定性的，并且研究了公共研发经费、私人研发经费的互动与生产率提升的关系。Hagedoorn 和 Wang（2012）等实证研究了政府 R&D 投入对企业创新的不同影响，并对其内部支出和外部支出进行了对比，发现其互补性或替代性不同。有学者将 R&D 建模为主要的内生增长要素，分析政府研发支出和税收减免对提高创新驱动能力的作用；也有学者以 1998～2016 年中国省际面板数据，对创新驱动经济发展的核心要素、关键内在机制进行量化实证研究。

政府的科技研发投入在提升国家整体科技实力、创新能力的过程中具有十分重要的地位和作用，很多国内外学者也对这一方面进行了非常详细的研究，但是缺少从建立模型的角度分析政府的研发投入在提高创新驱动贡献率中的作用，而这也是本书的一个重点研究内容。

二、结构升级推进持续创新的路径

易信等通过数值模拟定量分析发现金融发展能加速产业结构转型与促进经济增长。中国改革开放的经济高速增长有两条主线：一条主线是改革开放促进投资驱动，另一条主线是改革开放和结构升级促进创新驱动。Akcigit 等（2019）通过建立内生的一般均衡模型分析美国市场集中度不断提高，市场主体的结构持续改善，但创新活力下降的现象。处于前沿的企业，其高级知识分子的财产保护限制了知识的传播，知识溢出到竞争对手的流动变得越来越受限制。李亚飞等（2021）通过梳理中国经济双轨制渐进结构改革的五个层次，借鉴若干国家结构改革的经验教训，从“改革的主题—改革的动因—改革的行为”角度，设计各种改革行为。[①]

目前已有一些文献对结构升级推进持续创新的路径进行的研究主要集中在金

① 钟阳胜．科学生产力效应理论导论［M］．北京：科学普及出版社，1990.

融结构升级（直接融资比例的提高）如何促进创新和高新技术产业的发展问题，尚需融资结构升级与风险投资、知识产权和知识密集型产业（高新技术产业）的建模研究和分析。

三、创新与投资高效结合的路径

掌握关键的核心技术是技术创新的“精髓”，核心技术的创新并与投资相结合，是支撑国民经济高质量发展的关键。国内外许多学者对此进行了详尽的研究，李新男（2012）强调增强企业创新能力，推动企业成为技术创新主体，解决科技与经济结合问题是深化科技体制改革的中心任务。有学者研究异质企业进入和退出、产出和研发的动态模型，分析低生产率企业的退出和释放技术劳动力用于高生产率企业的研发过程；李晓娣和张小燕（2019）建立了共生度模型，分析要素间的互动共生，有效促进科技与经济、创新与商业的紧密结合的路径；Huang（2017）建立了一个基于研发的增长模型，发现专利抵押物比例的增加有利于创新和经济增长。政府可以实施最佳专利广度政策，以最大化社会福利水平，该最佳专利宽度将随着外国利率降低；Mattalia（2012）开发了一个模型，表明 ICT 与人力资本之间的相互作用是近期经济表现的驱动力之一；Akcigit（2016）建立了内生增长模型，分析衡量专利市场的效率如何影响增长。

在 DSGE 模型建模过程中需要对企业行为模式进行分析，如 Griliches（1988）在分析宏观经济指标的基础上利用 C-D 生产函数模型估计了以企业为主体的研发投入的产出弹性，陶长琪和齐亚伟（2008）以知识生产函数的形式，分析了 R&D 投入的供给因素和需求因素对自主创新的决定性影响。Dachs 等（2008）研究了外资企业如何融入其东道国的创新体系中。刘丽萍和王雅林（2011）等运用计量经济学的方法证明了 R&D 投入以及企业科研人员数量、从事科研的企业数量等相关因素对企业的专利申请量存在显著性影响。袁晓东和罗恺（2014）对中国 1997~2010 年 LED 封装技术专利进行研究，经过综合进行测量，表明中国 LED 封装技术领域专利呈现分散的趋势。Teitel（2008）则利用熊彼特创新理论和经济发展理论解释了亚洲和拉丁美洲等不发达区域内能获得先进技术资助和较强的国际竞争力的企业的发展经验，并由此得出结论，国家是在企业创新过程中非常重要的一个角色。吴晓波等认为改革开放 40 多年中国企业合理配置全球优势资源，积极参与国际市场竞争，通过“二次创新”充分发挥出发展中国家的后发优势，显著提升了创新能力，实现了从“追赶”到“超越追赶”的跨越式发展。

目前关于企业创新行为与经济增长绩效之间关系的研究已有很多，不同学者分别从微观和宏观层面以及不同的视角对此进行了研究，但是对创新与投资高效结合路径的定量研究还不够深入。

四、科学研究引领技术创新的路径

基础科学研究是创新的源头，是推动应用创新、开发研究的源泉，是实现基础研究三步走发展目标的物质基础，是基础研究投入决定国家的未来创新能力，通过竞争均衡分析发现，中国应用研究投入过多，基础研究投入不足。Eleni 等（2019）利用创新调查微观数据的统计结果分析得出，与将大学等教育机构视为更重要的知识来源的公司相比，与公共科研机构进行合作的公司有更好创新的可能性。Intarakumnerd 和 Goto（2018）则从公共科研机构与大学和非营利组织之间的竞争关系角度出发，论证了基础研究在促进国防相关研究和居民健康相关研究以及中小企业的行业升级中的独特作用。赵红专等（2006）利用系统分析方法，借助 STI 评价指标体系结合中国科学院研究所评价实践，对公共科研机构的基础研究进行了绩效评价。刘凤朝等（2008）将全局思想引进密切值评价方法，对中国 31 个地区的研发机构创新能力进行了测算和比较。郑霞和吴新玲（2014）利用问卷调查，对广东省 114 个公共科研机构的异化现象进行了研究，研究发现其主要集中于公共科研机构经营性收入扩大、企业委托项目增多、科研成果“内循化”现象加大这三方面。

Serrano（2009）在知识生产函数的框架下使创新产出取决于一组因素，并在运用泊松模型评估此决定性因素和企业所有权结构的前提下分析其对专利数据的影响。Czarnitzki 等（2008）运用计量经济学方法用以构造包括研究开发投入、研发人员数量、资本存量等因素在内的知识生产函数。Moortel 和 Grispeels（2018）以技术转让为出发点，分析了在市场充分竞争的环境下其技术进入市场的模式和途径，并分析比较这些模式和途径中技术从研发到应用再到产生实际的社会价值这一整个过程的效率。另外，部分学者也通过对比相关专利和论文数量来评价大学等高等院校科研活动对整个国家科技实力提升。这方面学者主要从 SCI 论文数量以及该国论文被引用量这几个指标进行分析，如 Meo 等（2013）以亚洲 40 余个国家为样本，收集了其人均国内生产总值、研发支出、大学总数和研究文献总数、每篇文献引文数和影响因子指数，探究了这些因素对其 ASI 各学科研究文献（论文）、引用文献数和赫氏指数的影响。张先恩（2017）提出科技强国的力量源于深刻的基础研究，而中国的基础研究发展的整个阶段可以通过文献计量数据来进行宏观判断。科技创新能够提高社会生产力和综合国力，是国际竞争先发优势的核心支撑。龚旭和方新（2018）等研究阐述了 1978 年以来中国基础研究的变化和政策预测演变，总结和分析了基础研究发展的成就和现状，并展望了未来基础研究发展的一些关键问题。侯伯军（2019）认为，随着很多高校成为基础研究的主体，应对技术与经济、教育与科学研究、科学研究与工业化之间的关系处理得当。孙金花等（2019）建立了以高校为主导的、基于生态学视角的创新生态系统协同演进的 Lokata-Volterra 模型，通过数学分析来探讨创新生态系统中分类的协同作用，研究结果表明，高校是创新生态的主导，创新生态系统需要积极联系内部和外部的资源，与生态系统内的各元素进行交互，实现可持续发展与协同演变。

目前此方面的研究主要是从计量经济学方法建立知识生产函数模型，也采用贝叶斯估计参数等新方法，但在知识生产模型建构中仍缺乏反映社会系统中其他部门与高校互动作用变量的问题，科学研究引领技术创新的路径的定量研究不够。

五、健全创新生态与金融支持协同创新的路径

柳卸林等（2018）从供给—需求—制度的科技创新生态系统观来分析一个国家的创新驱动路径。维克多·黄（2015）提出创新的雨林法则是硅谷享誉全球的顶级创新生态系统的根源所在，还提出了 14 种雨林公理，以帮助政府、投资者和企业家激发创新活力，实现各方的共赢，并在硅谷生态圈之外也实现创新。Adner 和 Kapoor（2010）提出创新公司的成功往往取决于其他创新者在其环境中的努力，外部创新挑战的影响不仅取决于它们的规模，还取决于它们在生态系统中相对于焦点企业的位置。Walrave 等（2017）对创新生态系统中的操作对象进行理论化，讨论协调创新生态系统的焦点企业可以在操纵这些对象时采用的策略，以提高生态系统的社会技术可行性。

在经济全球化和动荡的创新环境下，创新生态系统对于提高创新驱动的能力是非常重要的。梅亮等（2014）在科学计量方法的基础上完善并论述了新的创新生态系统理论的源起、知识和理论框架的演进。武建龙等（2017）从企业、行业、地区和国家四个层面总结了创新生态系统的含义与结构、演化、治理以及战略与政策有关的研究成果，并预测展望了未来研究方向及重点。

Surie（2017）探讨了企业和机构层面的社会企业家精神如何促进创新和经济发展，借鉴了国家创新系统（NIS）、复杂性、生态系统和社会企业家研究的概念，创建了一个通过社会企业家精神形成创新生态系统的框架。Kapetaniou 等（2018）认为，在不发达国家创新体系的背景下，可侧重通过增强金融工具的可用性和企业家对其获取的便捷性来提高创新绩效。Matei 和 Aldea（2012）通过

IUS 数据库来衡量和比较 27 个欧盟成员国以及克罗地亚、冰岛、挪威、瑞士和土耳其的国家创新系统的绩效。刘云等（2014）通过定义创新体系国际化的相关政策概念、分类和演进阶段，结合对新条件和对创新主导的发展战略的新要求的实施。建议增强意识，以加快战略和政策的制定。黄鲁成等（2019）通过对国外相关研究文献综合分析表明，国外在 20 世纪 90 年代初就开始对工业创新生态系统进行相关研究，目前他的研究领域主要是生态系统的平台管理、创新主体之间的关系、物质资源与环境、系统特征与机制、方法模型与框架、公共政策和服务设施等。吕鲲（2019）构造创新动力要素结构模型、创新种群竞争模型、创新种群共生模型、产业创新生态系统的竞合模型，分析产业创新生态系统的各种竞争与共生行为。柏建成等（2020）以长江经济带为研究主体，分析科技金融形式对科技创新的作用，发现政府财政投入可以在很大程度上支持科学技术研发。林毅夫（2019）认为，只有当金融体系的结构与实体经济的最佳产业结构相匹配时，金融功能才能有效地促进创新。随着经济发展水平的提高，金融结构的演变逐渐倾向于直接融资，并减少了间接融资的比例。王韧（2019）使用 2008~2017 年数据，运用了耦合模型分析绿色金融与技术创新之间各指标的灰色关联度，以弥补绿色金融与技术创新相结合的缺点，完善三系统间的监督与反馈机制，从而增强整体协同效果。王宏起和徐玉莲（2012）通过对创新技术融资的互动关系分析，构建了科技创新模型。张玉喜和赵丽丽（2015）对动态面板数据模型研究表明，短期内技术金融投资与技术创新之间存在正相关关系，但是从长期来看，技术金融投入对技术创新的影响尚不清楚，科技金融投入对科技创新的影响是区域性的。金浩等（2017）利用 2007~2015 年中国 30 个地区的均衡面板数据，建立向量自回归模型，分析技术融资、高新技术产业发展，以及地区产业结构优化三者间的动态关系。

六、开放促进创新国际化的路径

在有效开放共享的环境中，世界范围内已逐渐形成跨国界、跨领域、跨行业之间的科研机构（包括高等院校、企业研发部门等）之间进行联合研究的趋势。Badawy（2004）提出了开放式创新的概念，并从资源视角指出了同时利用企业内外部创新资源和内外部商业化资源。Rass 等（2013）采用基准方法来确定相关的绩效驱动因素，最终揭示了最适合加强创新绩效的主体。Ozkan（2015）认为，开放式创新可以帮助公司提高员工生产力、客户忠诚度和更好的创新，并以宝洁公司为例，描述开放式创新理念和创新过程，以及创新必要性的原因。Rass

等（2013）探讨了社会关系和网络在开放式创新环境中的作用，以及论述了开放式创新背景下社会关系的结构和内容的作用以及开放式创新的可持续作用。

创新的国际化可以增强创新驱动能力，并且是一个很重要的途径。创新国际化的实质是通过直接建立国外机构、跨境并购和建立国际技术联盟来扩大海外研究和开发活动。以创新资源的全球化、创新人才的国际化、创新组织的国际网络化为特征的技术创新范式，具体表现为国家层面进行技术寻求、跨国企业以协议形式的技术合作以及跨国企业全球性的创新。Bouabid 等（2016）分析 1995~1997 年和 2010~2012 年的金砖国家的科学活动一部分得益于其高科技出口，另外的原因就是更大程度上得益于与 G7 国家的国际合作。Franco 和 Oliveira（2016）以 2008~2013 年金砖国家的创新指数为依据，分析经济政治上紧密联系的国家在某些领域内的合作所带来的影响。David 等（2017）利用联合国教科文组织统计研究所（UIS）提供的有关学生全球流动的数据以及一项特别针对海湾地区学生开展的调查，探讨了海湾地区高等教育发展程度与这些国家的大学等科研机构之间的相关关系。Popiel 和 Jabłońska（2014）以欧盟国家主导的区域创新政策为基础，其从教育、基础设施、健康和环境等方面分析了国家间交流与合作是如何影响产业和创新政策的。Patnaik 和 Bhowmick（2019）通过文献综述和案例研究方法审视技术与新兴经济体的关系，以实现新兴国家的可持续发展和创新。刘飞和王德发（2009）对中国 1988~2006 年的经济数据的分析表明，人力资本和国内 R&D 对经济增长的贡献具有统计意义，并且存在长期的均衡关系。张化尧和王赐玉（2012）建立了全要素生产率（TFP）模型，分析表明，国内研发投入和外国直接投资在推动技术进步方面发挥着重要的作用，但是在现阶段，对外投资的逆向知识的效果尚不清楚。陈劲和陈钰芬（2006）利用 Henry Chesbrough 提出的开放式创新范式，提高企业的技术创新能力。凌学忠等（2016）的一项研究表示，知识开放性对国家开放创新体系的影响最大；专利作为知识要素的核心指标可以从侧面反映国家开放创新体系的状况。郑飞虎等（2018）利用 DEA-Malmquist 指数分解法计算 2006~2011 年中国内资工业企业的技术进步率，并基于静态面板门限回归方法进行计量分析。研究结果表明，自中国政府于 2006 年提出“创新型国家”发展战略以来，国内创新环境的演变对于跨国资本流入的技术扩散效应阈值影响产生了强烈的积极影响。

可以看出，国际技术扩散已经成为近年来学界的热门研究，当前研究大多从某个领域探究某国在国际交流与合作过程中与他国的联系，以及这种联系给本国科技实力所带来的影响，但从定量化建模角度的分析还较少，本书将利用 DSGE

方法研究对外开放和对外交流对创新国际化实力提升的影响。

七、创新驱动经济可持续发展

林毅夫（2021）认为，2035 年之前，中国应该还有年均 8%的增长潜力，当然，要实现高质量增长，必须解决好环境问题、城乡差距、地区差距问题，更重要的是不断提高中国的创新能力，通过创新驱动经济可持续增长，中国未来 15 年（2021~2035 年）实现年均 5%~6%的实际增长完全可能。

刘伟和陈彦斌（2020）从跨越的时间点看，如果 2020~2035 年保持年均 4.8%的实际 GDP 增速，以超越高收入国家门槛值 20%为真正跨越的时点，那么中国将在 2026 年前后完成跨越“中等收入陷阱”的历史使命。

姚洋（2020）一篇文章指出“十四五”期间中国经济将发生重大转变，第一个重大转变是在国内、国外双循环的框架下，加强关键领域的自主技术创新，打造稳定的产业链；第二个重大转变是全面推进高质量的城市化；第三个重大转变是公共服务均等化问题；第四个重大转变是以节能减排为核心的绿色发展。

2020 年，中国社会科学院宏观经济研究中心课题组从供给侧角度，基于人口结构的变化预测未来潜在增长速度。这种方法抛开了需求侧的因素，仅仅考虑一个国家的要素禀赋（劳动力、资本存量、人力资本和全要素生产率）变化对中长期潜在经济增速的影响，而这四个因素都或多或少与人口因素有关。根据人口预测数据可以估算出各供给侧生产因素的未来变化趋势，进而得出相应的经济增长潜力。

2020 年 9 月，中国提出了“努力争取 2030 年前实现碳达峰，2060 年前实现碳中和”的应对气候变化新目标。而全球能源互联网发展合作组织举行了“中国碳达峰碳中和成果发布暨研讨会”，并重磅发布《中国 2030 年前碳达峰研究报告》，提出实现碳达峰的总体思路是以清洁低碳可持续发展为方向，以构建中国能源互联网为基础平台，采取更有力的措施。

中国在 2030 年将达到二氧化碳排放峰值目标和强度减排目标，得到大多数学者的研究的支持。Wang 等（2009）指出，只要中国 2030 年的二氧化碳排放强度比 2005 年下降 70.44%以上，中国就能在 2030 年或更早实现减排目标。这要求各主要政策的子系统相互结合，充分实现协调的互动反馈。Mi 等（2016）考虑到中国未来 20 年的预期平均增长率将超过 5%，发现中国可能在 2026 年达到其二氧化碳排放峰值水平。根据这一设想，中国的碳排放量将在 2026 年达到峰值 11.20Gt，然后在 2030 年降至 10.84Gt。因此，2015~2035 年，大约 22Gt 的二氧化碳将被去除。为此，中国需要在 2030 年前将其国内生产总值年增长率降至

4.5%以下，并在2015~2030年将能源和碳强度水平分别降低43%和45%。Huanan和Li（2019）研究结果表明中国二氧化碳排放总量增幅呈稳步下降趋势，这对“2030年目标”是利好消息；2015~2030年，中国二氧化碳排放与经济增长的脱钩关系将进一步加强，这是中国实现“2030年目标”的必要条件。

第五节 政府经济管理

作为经济的管理者，政府在地域经济管理中扮演着最为重要的角色。

政府代表着国家的意志，政府的职能是国家职能的重要组成部分，在传统意义上，政府最基本的职能是保护国家安全、建立外交关系、维护公共秩序和道德、促进民主政治建设，以及经济和社会的政治职能。国家的发展促进了经济和文化的繁荣，为社会公共服务提供了社会管理功能。各级政府和部门由于政府要求的职责不同，其具体职能也有所不同。政府职能是政府在地方管理中所承担的社会管理职责和功能。依法治国的治国方针，明确要求政府在履行职能时要有法可依、严格执法、违法必究，对政府的执政能力提出了更高的要求，对其经济职能的履行进行了更严格的规范。①

从维护国家利益的角度出发，政府作为国家机器组成部分，有责任调整自身与其他国家地区之间的关系，包括政府与政府之间的关系，政府与经济体之间的关系，政府与社会经济的关系，有效地调节经济关系，管理经济活动是国家权力赋予政府的职能。国家的权力赋予行政机构的职能在现代法治国家中被以法律的形式固定下来，政府经济职能有法律依据，需以法规为准。基于政府经济职能的履行和要求，本书中政府在促进经济发展中的作用都是在政府经济发展职能的履行上，在以市场为主体的基础上讨论的。

一、政府经济职能

（一）政府经济职能含义

政府经济职能是政府职能中的重要职责，有其特定的含义。从根本上说，政府的经济职能是指从社会经济生活的宏观角度出发，规划、协调、服务和监督国民经济的职能和责任。政府通过组织和干预社会经济活动，以达到一定的促进经济发展

① 龚唯平．工业化范畴论——对马克思工业化理论的系统研究［M］．北京：经济管理出版社，2001.

目的的方法、措施和手段的方式来履行经济职能。政府的经济职能包括两个层面：一是在微观层面，主要是维护社会经济发展的经济职能；二是宏观层面，主要是促进社会发展和有关经济事务的进步。现代国家政府经济职能也随着人类社会的发展和市场经济的发展，从之前的微观层面向着宏观经济职能发展。

（二）政府经济管理的作用

1. 微观经济层面

（1）制度建设。在现在各类经济融合发展的情况下，经济社会的运行也是政治社会运行，经济社会的正常运转，需要政治制度为此建立框架，经济体制、市场机制才能有效运行，政府必须制定经济发展政策、法律法规等维持经济秩序政策运行。

（2）价格管控。在市场经济条件下，供求关系决定了大多数商品的价格，但市场自愿调整价格是盲目的，并不总是对经济有利。例如，政府根据一定的规则制定价格，以防止盲目和生产过剩，并防止任何损害所有人利益的事情。再如，为了支持某些行业的发展，政府控制某些商品的价格，对与国民经济和人民生活有关的商品设定价格上限。

2. 宏观经济层面

（1）财政政策。财政政策是一种经济政策，政府通过改变总体财政平衡和结构来调整宏观经济，以实现政府的经济目标。其作用机制是通过调节总需求变化，使总需求与总供给的关系进行适当的调整，最终达到总需求的平衡的目的，有税收和政府支出两个基本部分。

（2）货币政策。货币政策是国家对货币的供应根据经济发展的需要而采取的政策。在市场经济不断发展，经济形势日趋复杂的背景下，通过控制货币发行的公共控制已经演变为政府监督宏观经济活动的有力工具。法定准备金、贴现率以及发行政府债券是主要货币政策工具。货币政策以间接的方式对市场进行调节操纵。一些政府部门利用公权力控制货币流量的整体转换，利用利率杠杆对宏观经济的调控是间接的，它有助于控制总需求，保护特定市场的分销效率。

二、政府经济职能相关思想综述

（一）国内政府职能理论

我国政府职能在最初由我国社会主义的性质决定，毛泽东曾在《论人民民主专政》中阐述：总结我们的经验，集中到一点，就是工人阶级（经过共产党）领导的以工农联盟为基础的人民民主专政。新中国成立后，在参照了苏联经验的基础上建立了我国的政府职能模式。党的十一届三中全会后，邓小平结合中国国情，以马克思主义基本原理为依据，提出发展生产力，以经济建设为中心，提出转变政府职能问题，提出解决党政不分、政企不分的问题，明确政府要向企业下放权力。在南方谈话时，明确按照社会主义市场经济的要求重塑政府职能体系。

1. 毛泽东的政府职能理论

毛泽东曾在延安土地革命时对共产党领导的政府和剥削阶级领导的政府的“服务”进行过清晰的解读，相比于剥削阶级的“为民服务”以服务为名行剥削之实，中国共产党领导的政府能够真正代表人民的利益，关切人民福祉。毛泽东的话对现在政府部门如何服务人民，也有一定的指导意义。

毛泽东同志在革命实践中将党的群众路线总结为：一切为了群众，一切依靠群众，从群众中来，到群众中去。这也是毛泽东同志对民主集中制的凝练与阐述，通过深入群众，毛泽东对群众的观点，以及党的群众路线有了深刻的认识，同时也揭示了党的力量和对领导革命和建设的依赖，并指出了党的全部工作的出发点和落脚点。可以说，由于党始终与人民群众保持着血肉相连，最终党从小到大，从软弱到强壮，在挫折中不断上升，依靠群众，团结群众，带领群众，密切联系群众。

2. 邓小平的政府职能理论

以经济建设为中心，实现政府经济职能的履行。在领导中国进行改革开放的过程中，邓小平非常重视政府经济职能的履行。在其创立的中国特色社会主义理论中，对政府职能有着深刻的理解和丰富的思考。他认为，现代化的任务是多方面的，但如果不以经济建设为中心，就会失去物质基础，其他一切任务都必须以经济建设为中心并且从属于这个中心。也就是说，政府职能和管理方式的合理配置必须紧紧围绕经济建设这一核心。邓小平在政府职能转变方面的思想和决策，对党和国家工作重点的转变和现代化产生了深远的影响，为政府职能和管理方式的转变、我国经济和行政体制的改革提供了理论参考依据。

要处理好党和政府的关系、中央和地方的关系、工商界和企业的关系、工商界和公共事务的关系。邓小平明确指出，“党委没有经济管理部门”“各级党组织要尽可能把大量的日常行政工作和业务工作交给政府，业务单位要负责”。协调好中央、地方之间的关系，协调做好地方利益服从整体利益，地方政府服从中央的原则。在认识、政策、规划、指挥、行动的统一下，在经济规划、金融、外贸等方面地方政府可以有更多的自主权。在政府与企业的关系中，政府管理着很多不该管理的东西。在政府与事业单位的关系上，各级党政领导机关要善于简政放权，将权力向下级单位进行下放，扩大其管理自主权，发挥工作的积极性、创造性。

在政府效率提高方面，要进行行政体制改革。邓小平认为，在经济体制改革发展过程中，总会有障碍，主要表现在不适应经济体制改革和政治体制改革的要求，因为它们既存在一定的差异，又存在一定的联系，政治体制改革的重点是通过各种权力关系的合理配置，不断调整行政权力结构，完善国家和国家机关的管理模式，让行政组织在动态的外部环境和社会发展的需要中不断适应。长期以来，我国的体制和管理存在一些不足，如权力分配和职能结构不合理，直接影响行政效率。因此，效率问题的解决，就要通过集中的管理体制和权力结构进行改革，优化政府管理职能模式。

（二）国外政府经济职能理论

1. 自由主义的政府理论

早期的资本主义社会信奉的是自由放任的市场经济，政府不应该干预市场行为。这一主张的出现背景是牛顿的自然科学发现，1687 年，牛顿通过《自然哲学的数学规则》提出了物理学的基础定律——万有引力定律，这一定律的发现极大地推动了人们对自然科学的认识，同时奠定了自然规律无处不在的思想，人们的经济生活和社会生活都受到自然规律的统治，既然任何事物背后都隐含着规定其运行的自然规则和秩序，人就应该过度干扰，干扰反而会打破其和谐和有效性。

因此，古典学派认为，自由放任主义是社会事务的先进制度，对封建制度下重商主义信奉的封建国家对经济严格控制的思想形成了冲击。一方面，由于自然科学的巨大发现，其影响直接冲击了重商主义思想中对于经济运行的管制思想；另一方面，随着企业家在经济和规模上的壮大，其可以自行开展商业活动，不再依赖政府的补贴、保护和特权，尤其在当时迅速崛起的英国，实践上已经抛弃了重商主义下政府的职能。至 18 世纪中叶，重农学派开始出现，这一学派借助“上帝的光辉”将自然秩序定义为社会和经济活动背后的秩序，是上帝未来让人类为了人类福祉而设计的，不能违背，违背的后果是社会陷入疾病和混乱。这种“自然秩序”的具体表现就是经济运行中要遵循自由竞争。重农学派的代表人物魁奈批判道，一切的垄断都不符合社会自然秩序的运行，只有自由竞争才能激发人的首创精神，让人们在平等的状态下推动社会发展。这一思想对亚当·斯密的影响很大，所以他在著作中确定了古典经济学对市场自由放任的基本思想。

2. 国家干预主义的政府职能理论

黑格尔在阐述国家干预主义的政府职能理论时强调，政治国家是人民理性权力形成的国家，政治国家高于公民社会，而公民社会是人民非理性权力形成的国家。一个政治国家对公民社会的干预是非常重要的。如果脱离了一个政治国家，那么公民社会只能处于无政府状态。

3. 选择性干预理论

科斯的产权理论、布坎南的公共选择理论是选择性干预理论的代表。产权理论中认为，只要产权界定明确，自愿交易总是产生最佳结果。科斯认为，市场可以在产权清晰的领域进行资源的最佳配置，而不需要政府的干预，因为政府的职能是维护清晰的产权，介入产权难以界定或市场本身不明确的经济领域，尽可能降低交易成本。公共选择理论基于西方市场经济的产生、发展和完善过程中遇到的问题，以及对政府职能的深入认识和探索。由于市场经济等政府干预存在局限性和缺陷，“市场失灵”并不是政府干预的基础。对于市场暂时、意外的失灵，市场会在没有政府干预的情况下，进行自我修正。政府对市场的干预的情况，在于市场长期失灵并被用来干预经济的领域。对于我国致力于建立社会主义市场经济体制，在改革方面的出发点和重点是通过政府职能转变，不断优化政府职能的方向、方式和结构。通过借鉴西方学者的政府职能理论对我们研究政府职能在县域经济发展中的作用具有理论指导意义。①

① 翟杰全，陈君．资本逻辑支配下的资本主义及其工业化和全球化［J］．北京理工大学学报（社会科学版），2019（9）．

第三章　经济管理基础理论分析

经济管理学是经济学与管理学的交叉学科。经济学是研究经济问题的科学，前提假设是资源稀缺性，核心是研究如何将有限资源进行合理配置。管理学是研究人类社会管理活动中种种现象及规律的学科。

经济管理者管理经济活动的行为是为经济管理，在经济活动的管理中应用的一些方法以及原则等称作经济管理理论。整体的经济管理理论包含很多，其组成包括宏观与微观的经济学，也有各种的管理学。

第一节　资本主义经济管理理论

一、古典管理理论

（一）古典管理理论中的共生理念

泰勒是古典管理理论的先驱，其科学管理思想可谓集古典管理思想之大成。科学管理的出现背景是当时劳资矛盾的日益尖锐，而泰勒认为，管理的主要目的应该是实现雇主财富最大化，同时实现每一位雇员的财富最大化。为了实现管理的目的，他主张劳资双方应该在共同的利益上开展密切协作，从而化解劳资冲突和矛盾，实现生产效率的最大化。科学管理已经开始关注到管理的整体性，倡导亲密无间的协调、合作的精髓反映了共生管理精神。

玛丽·派克·福莱特是古典管理理论的重要传播者，也是向行为科学管理迈进的转型者。她明确提出了管理的整体性思想，认为组织是一个不断运动的统一整体，整体内部的协调是管理的着眼点。她重视团体对个体的作用，认为个人的潜能只能通过团体生活才能释放出来，人只有通过团体才能发现自己的本质，获得真正的自由。福莱特被誉为冲突解决之母，她对于社会关系中冲突的解决提出了富有创建性的建议。她不回避管理中的冲突和矛盾，关注于冲突可以协调的一面，提出解决冲突的最有效的方法不是压服，甚至不是妥协，而是利益的融合。面对权力的渴望和争夺的广泛存在，她还提出了限制权力支配和强制，发展权力共在和共享的观点。她认为权力共在是一种共同发展，协力行动的权力。只要找到实现双方权力愿望的解决办法，达到愿望的融合统一，就会形成相互促进。福莱特的冲突管理理论为共生管理理念下冲突的化解贡献了思路，一种在相互尊重基础上的融合之路。

（二）古典管理理论中的政府管理

古典管理理论追求管理的科学化、技术化和法治化，强调效率中心、技术至上，伦理、道德已经变得微不足道，此时的政府管理处于一种压抑人性的与道德无涉的状态，具体表现为政府行政的工具化和行政人员的非人格化。

1. 政府行政工具化和行政人员非人格化

（1）政府行政工具化。政府管理与道德无涉的一个表现就是政府行政的工具化。以当时的美国社会为例，少数的工业资本巨头打着自由民主的旗帜，通过贿赂手段影响政府决议，操纵着政府的权力，攫取巨额利益，同时，为保障自身权利与利益，他们还鼓吹自由放任的政府模式，主张限制政府权力和规模，强调自由主义和个人主义。在这样的背景之下，政治与行政二分、价值中立和效率中心和技术至上成为古典行政理论的内在逻辑主线。以威尔逊的政治与行政二分、泰勒的科学管理和韦伯的官僚制为代表的古代管理理论将政府行政看作是不受政治操控的、纯技术性的管理工具。具体来说，他们将政府行政视为价值中立的“真空地带”，它不受政治影响的独立体系，侧重政府管理现象的事实陈述而忽视价值陈述，重视采用定量研究方法而排斥定性研究。威尔逊曾明确地指出，政治是国家意志的表达，行政是国家意志的执行，行政作为纯粹技术性的执行工具，不需要它做出任何价值判断，只需要积极地执行政府决策即可。可见，此时的政府行政管理活动失去了它应有的价值维度，成为纯粹的、客观的、精确的管理“科学”。然而，随着管理领域中科学精神的日益强化，伦理、道德要素被排除在管理科学之外。

（2）政府行政人员非人格化。政府管理与道德无涉的另一个表现就是行政人员的非人格化。毋庸置疑，人是管理的核心，管理活动应该围绕人展开，以满足人的需要为终极价值追求。但是，在古典的管理理论中，人被异化成非人格化的工具，成为提高管理效率的手段。导致行政人员变成不受个人情感和伦理道德影响的非人格化的人主要有两方面原因：一方面，在政府管理领域中过度推崇科学主义导致人文主义失落。从方法论的层面来看，科学主义是以实证主义研究方法为主，关注的是实然的事实领域而非应然的价值领域，强调管理的“科学性”而不是与人相关的“价值性”。另一方面，在政府管理的具体运行中，政府行政管理体制即“官僚制”通过系统分工、严密的层级结构、明确的方法、规章、制度和正式的工作文书将行政人员规范和约束起来，也就是说，政府行政人员在从事具体行政工作过程中不得掺杂任何个人情感和做出个人价值判断，他们如同机器上的齿轮或螺丝钉，被牢牢地固定在某个位置上，只能随着官僚机器的运转而运转，变成了屈从于组织层次分工和规章制度的“机器零部件”，人丰富的情感和多样的需求完全被泯灭，人的主观能动性也无从发挥。可见，严密的官僚制在设计过程中直接抽象掉了人的情感和价值要素，以人的特质适应非人格化的角色。总之，在政府行政工具化和政府行政人员非人格化的状态，人的异化与人文精神的缺失导致伦理、道德这类非理性的行为规范自然被排除在管理之外。

古典管理理论如政治与行政二分、官僚制、科学管理都以工具理性为基础，强调效率中心、技术至上和价值中立的理论体系，认为政府行政管理活动是价值中立的政策执行工具，行政人员应是不掺杂任何私人情感的理性人。因此，在古典管理理论的逻辑中只有物、效率、工具、逻辑而没有人、价值、伦理、情感等，政府及其行政人员的积极性、主动性和创造性被抹杀。

2. 弥补古典管理理论局限的对策

从责任伦理的角度对政府及其行政人员主动性和积极性恢复和提升，有助于弥补古典管理理论人文主义缺失的局限。

首先，从西方国家的社会发展情况看，研究政府责任伦理具有重要价值。从西方资本主义国家的治理现实来看，一直是自由主义思想占主导，侧重个体的权利与利益，注重个体责任，主张建立“守夜人”政府或有限政府，促使政府的整体责任碎片化和政府责任伦理的缺失。本书立足管理哲学视域具体阐释了政府责任伦理基本含义、内容、价值以及建设困境与救治方法，主张培育政府责任伦理体系，增强政府责任意识和担当精神，对于西方国家的政府整体性责任意识具有重要现实意义。其次，对于处于社会转型阶段的中国来说，管理哲学视域的政府责任伦理研究也具有重要的指导价值。从古至今，中国都是一个不乏管理伦理思想的国家，以德治国一直是我国的鲜明特色，中国经典的儒家学说可谓是最具伦理特色的治国理政思想。中华人民共和国成立以来，中国共产党的治国理政的施政纲领也是以为人民服务的公共责任为核心。但是，在我国走向改革开放的现代化发展道路之后，在谋求经济的快速发展的过程中也出现了功利主义的问题。在市场经济的物化逻辑、效率逻辑下，我国一度偏向效率，弱化了社会公平和管理的公共性问题。在人与自然关系问题上，对自然资源的过度开发和利用导致了严重的环境危机。政府责任伦理具有全面性、整体性、前瞻性、关护性，强调政府的责任意识和担当精神，有助于达到更理想的治理效果。

政府责任伦理应遵循以人为本原则、共生共存原则、公共性原则。

（1）以人为本原则。以人为本的管理强调人是管理的基础，人是管理的目的，人也是管理的动力，主张管理要从人出发，发挥人的价值，满足人的诉求。以人为本原则要求政府责任伦理要凸显人的主体性、要肯定人的价值和尊重人性。

首先，“以人为本”要求政府责任伦理要凸显“人”的主体地位。在管理领域中也是如此，管理是由人或人构成组织为一定目标所进行的计划、组织、协调、监督和控制活动。人是管理活动的组织者、发动者和承担者，没有人的参与就没有管理活动。人是管理的核心要素，在管理中占据主体位置。政府责任伦理作为政府的管理伦理应该充分体现人的主体性和价值性，明确人是管理的主体，是管理的终极目的，排除以物为本的管理理念，恢复人的管理主体地位，彰显人性的光辉。以人为本原则要求政府责任伦理的内容要凸显人的价值和意义，重视人的权利和诉求，重视人的理性、人的责任、人的道德，协调和理顺人与人、人与物、人与自然的关系。

其次，“以人为本”要求政府责任伦理肯定“人”的价值。政府责任伦理要体现出对“人”的价值的肯定与重视，不能将人异化为工具。价值是指客体对主体的作用。在管理哲学视域中，肯定“人”的价值则是强调人对于管理的作用，及其肯定人的主体性。从自我价值和社会价值的相互依存的角度来看，人是目的与手段的统一体。人作为目的性的存在是首要和根本的，人作为手段性存在的终极目的也是为了实现个人价值，人作为手段的存在时也是为了社会和他人服务，人作为满足社会和他人需要的手段时所具有的服务和奉献精神，是人最崇高的目的，也是人最大的价值。政府责任伦理的最终的责任承担者是具体人，终极目标也是要促进人的全面发展。因此，政府责任伦理应该坚持以人为本的原则，体现以人为本的精神，在政府的公共管理活动中绝不能把人当作手段，而是要肯定人的价值，尊重人的人格，充分发挥人的主动性和创造性，不能用硬性的管理方式，只重视对人进行的约束、限制和管制。要肯定人的自我管理和自我控制能力，在法治的基础上留给道德发挥作用的空间，增强政府内部的软实力。

最后，“以人为本”的原则要求政府责任伦理要尊重和体现“人性”。人是管理的主体，人本身也是具有独立人格的主体，“人的根本就是人本身”“人是人的最高本质”。以人为本的原则要求政府责任伦理要尊重和体现“人性”，改变政府管理中公共行政人员人的非人格化状态。人不是机器，人不应该被控制、奴役和宰割，人也不该像机器零部件一样被动地跟随机器运转，人是具有人格、个性、情感和尊严的有血有肉的。以人为本原则要求政府管理相信人主动性和责任心，把人当作人来看待而不是机器，改变古典管理理论中“无人”和“与道德无涉”的管理状态。因此，政府责任伦理要重视和尊重人性，建立关心人、尊重人、满足人的人本管理方式和体制，使人在劳动创造中确证、获得和实现存在的意义和价值。

（2）共生共存原则。在现代科学技术飞速进步、经济快速发展的世俗社会，政府所要考虑的最深刻、最远大、最现实的问题是人类如何长久地生存下去。面对严峻的环境危机如大气污染、植被破坏、物种消失、土地污染、食品毒化等问题，需要政府认同和遵守“共生共存”的最高伦理原则，促进人与自然的和谐发展。

从字义上看，共生共存的含义是指同生、共进、相互关心、相互体恤。生是指万物繁衍、发展的动力和过程，存是相互关心、相互体恤的和谐状态。共生共存的法则衍生出许多种行为原则和道德规范。人类社会需要政治、经济、法律、文化、道德等来维护人类的有序生存状态和持续发展的需要，动植物也需要生存和发展，但是动植物没有制定秩序的能力，只能顺应自然规律，自在的生存。人类不同于动植物，人类的生存、发展既是自在的存在又是自为的存在，是有序的存在，而且这个“序”包含自然规律赋予的部分，还包含人类自己制定的部分。人类具有极高的智力和行动能力，为了维持和促进社会的良性运行，人们不断探寻适合人类生存和发展的秩序。

从学科来源上看，共生是生物学中的一个重要概念。“共生”一般是指各不同种类的生物共同生活在一个空间的现象。依据共生物种在生存方面的相互关联和利害关系准则，共生可以被区分为互利共生、单利共生和寄生三种类型，这是最简单、最基础的划分方法。生物学中共生强调不同物种之间的相互依存、共同生存的关系。借用生物学中的“共生”一词来阐释人类的生存问题也是合适的。从人类生存、发展角度，共存可以理解为共同进行生产、生活，共同享有物质财富和精神财富，共同拥有各种生活资源；共存则可以理解为共同存在、共同发展、相互关心、相互体恤、相互依存、共同追求幸福生活的过程。

共生共存原则规定政府责任伦理要具有前瞻性、关护性、整体性。政府是国家治理、社会治理以及自然治理的责任主体，它的责任是艰巨的，使命是崇高的。政府作为对国家和社会的发展进行整体规划和设计的责任主体，既要努力促进国民经济的稳步增长和人民生活水平的逐步提升，又要维护生态的平衡和谐。共生共存的原则主张将当前人类发展问题与未来人类生存问题统一起来，强调政府要具有环境保护意识和可持续发展意识。

首先，共生共存原则要求政府要从“类生存”的高度看待责任和伦理问题。所谓从“类生存”的高度看待问题是指要超越单一种属、超越单一个体、超越人类中心论，从万事万物共生共存的综合存在之类看问题，从而达到万事万物和谐共存之目的。政府从“类存在”的高度看问题，主要强调政府在组织社会生产活动过程中要注重保护自然生态环境，谋求人类的生存和发展不能以牺牲环境和其他物种为代价。人类与自然万物是相互依存的生命共同体，人作为具有极强干预和控制能力的生命体，应该承担起保护其他物种的责任，而不是一味地去破坏，这就需要政府抛弃人类中心论的伦理观念，以人与自然平等关系为中心建立新型伦理，以共生共存为最高原则来指导政府的活动。

其次，共生共存原则要求政府责任伦理的覆盖范围由人类拓展到自然。政府应该承担起促进人全面自由发展的责任同时，还要承担起保护自然生态环境的责任，人类的生存和发展不应该以牺牲自然环境为代价，我们应该追求人与自然的和谐、万物的共生共存以及土壤、空气、水源的清洁和完好。人与自然是共生共存的统一体，如果自然环境遭到严重污染和破坏，那么人类的生存和生活必将受到自然的惩罚，未来人类也将遭遇生存危机。政府在推动经济发展、社会进步和提升人民生活水平的过程中，必须坚守共生共存原则，努力促进人与自然的和谐发展。政府管理活动涉及社会生活的方方面面，其广泛性、强制性、整体性、全面性决定政府应该把共生共存作为基本的伦理原则，并且政府责任伦理的一切原理、原则、规范都要受到共存共生原则的支配。

（3）公共性原则。公共性是民主政治时代政府的根本属性，它能够体现政府的责任范围、内容、方向与使命之所在，那么政府责任伦理的确立必须基于公共性原则，并以此原则来对政府责任伦理的内容、诉求做出总体性、本质性的规定，这样的政府责任伦理才能够真正体现政府管理的基本性质和伦理精神，才能具有效力和价值。

“公共性”是一个广泛应用于哲学、组织学、行政学法学和经济学等领域的概念。作为公共管理学的基本范畴，公共性是指公共管理主体即政府组织和社会公共组织的本质属性。本书的研究主体是政府，所以主要探讨政府的公共性。政府的公共性是指政府管理国家事务、社会公共事务以及行政机关事务时应根据社会需求和公民的意愿，以求最大化地实现和保障公共利益和公民利益，换言之，政府存在的目的与价值是为了维护公共利益、提供公共服务、培育公共精神等。“公”与“私”的概念很早就有，在统治型政府治理模式发挥作用的历史时期，人们就经常谈论公与私的问题，但是当时“公”的含义与公共性中的“公”的含义有着很大的不同。在统治型社会治理模式下，社会未出现公共领域与私人领域、政治与经济、国家与市民社会分离的情况，“私”是指个人中心取向下的活动内容和物质占有形态，而“公”则是以集体为中心取向下的活动内容与物质占有形态。此时，公与私是相对应的概念，公与私的划分依据人群集合规模的大小，强调的是个人与集体的对应关系，个体的事情相对于群体的事情来说，再大也属于私。反之，群体的事情相对于个人的事情来说，再小也属于公。

从社会领域分化的角度来看，公共性的提出和公共部门与私人部门、公共领域与私人领域、政治活动与经济活动、国家与市民社会分离直接相关，而且公共性仅适用于分析近代政府公共管理活动的性质。公私领域分化、政府公共性凸显是工业化的结果。工业化促使社会生活和社会领域发展剧烈变化，出现了一个不受官方干预、独立于政治领域之外、介于公共权威和私人生活之间、能够自由讨论公共事务的领域。公共领域的产生为公民参与政治生活、表达利益诉求提供了渠道，为参与式民主制提供实践模式。

关于政府公共性问题的研究都是基于政府管理的角度，从政府行政管理的责任和使命角度来说明政府公共性之所在。政府管理是指政府组织对国家事务、社会公共事务和行政机关事务的管理活动，那么政府的公共性则必然体现在政府对公共利益的实现和维护方面。具体来说，政府负责提供市场和社会不能提供的公共服务，如公共安全、公共秩序、公众福利、公共设施等，这是政府公共性的基本含义。政府的公共性不只限于内部机关事务管理对社会公共事务的管理，更体现其公共性的意蕴。就政府的本质来看，其公共属性不是由国家权力机关界定的，也不是由法律规定的，而是由社会历史发展的客观性规定的。政府的公共性是工业化时代社会分化的结果，公共性是在社会变迁、经济发展过程中逐渐生成的。

虽然政府的公共性是在社会客观的发展过程中生成的，但是它也是可以通过选择和提升的。政府可以通过完善和提高提供公共物品和公共服务的水平和能力来提升和体现自身的公共性。公共性作为近代政府管理的基本属性，它是分析和衡量政府性质、确定政府价值目标的分析工具，它是判断政府是否具有责任意识和伦理担当的重要根据，它是评价公共行政人员职业道德水平高低的内在标准。那么，政府责任伦理作为政府伦理追求、伦理担当和伦理实践的体系，应该以公共性为基本原则。

公共性是人类社会发展到一定阶段政府所呈现出的内在品性。作为近代社会政府管理的属性，公共性蕴含了政府管理目的、责任和精神。因此，政府责任伦理的确立与培养也应该以公共性为内在规定。政府的公共性规定政府责任伦理的基本目标、首要任务和基本精神。

公共性原则决定政府责任伦理应该以实现和促进“公共利益”为基本目标。公共组织与私人组织根本的区别就在于它维护的是公共利益。政府公共性决定政府的管理活动实质上是一种解决公共问题、回应公共利益诉求和提高公共服务的活动。所以，对于公共利益的维护和追求正是政府公共性的本质体现，这种“利他性”行为充分凸显了政府组织性质与追求。现代政府管理的属性是公共性，政府责任追求和维护公共利益，那么以政府管理责任为核心的政府责任伦理也应该以维护公共利益为目标，以实现公共利益为动力。实现公共利益需要明确公共利益的概念和内容。从形态上来看，公共利益具有一定的抽象性，但是在现实生活之中，公共利益有物质方面和非物质方面的表现形式，它是政府满足社会公众诉求、促进社会和谐发展的结果。政府责任伦理应该以公共利益实现与维护为基点，把公共利益抽象的精神维度和具体的物质维度有机地统一起来，通过具体的组织结构和制度安排体现出来。

政府的公共性规定政府责任伦理应以维护社会公正为首要任务。公共的一定是公正的，否则会激化社会矛盾，影响社会的稳定。政府的公共性决定政府责任伦理应把维护社会公正作为首要的伦理价值。同时，政府也是实现和维护社会公正的有力、主要的主体。根据《新社会契约论》，政府的首要价值和责任就是维护社会公正、稳定社会秩序，通过机会均等、差别原则来实现社会公平、正义。从现实出发，市场经济的自由性、竞争性、自利性容易促使社会贫富差距扩大，甚至把社会引向贫富分化、阶层固化、矛盾丛生的危险境地。因此，弥补市场的缺陷，纠正市场的失灵，需要政府加强宏观调控，缓解社会矛盾，促使社会公平。当一个民主社会不喜欢自由放任的市场机制下用来对货币选票进行的分配时，它可以通过再分配政策采取措施来改变其结果。可见，政府可以通过社会资源和财富二次分配，建立和完善社会保险、社会福利、社会救济等制度来缓解社会矛盾。

政府管理的公共性决定政府责任伦理也应具有公共性，应该充分体现政府的公共精神。对于政府组织来说，若要使政府公务人员具有爱岗敬业、公平正义、廉洁奉公、无私奉献等高尚的道德品质，只依靠外在的刚性管理方式和管理制度是难以做到的，提升政府公务人员的道德品质需要政府公共精神的引导和支持。依据政府管理的公共性，政府的公共精神包括自由、平等、民主、法治、公平、正义、服务、责任等体现政府性质、职能、价值取向等。对于政府公务人员来说，只有具备公共精神和公共信念，才能强化他们的服务意识、责任意识，才能在具体的行政活动中自觉维护公共利益，排除私欲、私利的干扰。

二、现代管理理论

“二战”后，管理科学进入了现代管理理论阶段。现代管理理论是指从 20 世纪 60 年代到目前的西方管理理论，这个阶段以巴纳德和西蒙为代表人物，所以现代管理理论又称“巴纳德-西蒙理论”。

（一）系统管理时期

1. 系统管理思想诞生的基础

“二战”后，经济和社会格局产生巨大变化，并逐步开始重建，科学技术迅猛发展，能源革命极大地推动了工业文明的进程，计算机、新材料、原子能、空间技术、生物工程的诞生和科技革命的发展有力促进了社会劳动生产率和工业生产力的提高，生产方式发生深刻变革。同时，资本主义经济历经调整恢复、空前繁荣和滞胀三个发展期，对摆脱经济危机、走出滞胀状态的诉求越来越高。此时科学技术手段的丰富和先进、对管理科学性的探索，以及经济社会对生产率和生产力的强烈诉求，使管理主体不得不依赖工具理性的逻辑对制度加以认识和规定，并给予工具理性在管理实践中的应有地位，以便使作为管理工具的制度能够有效提高科学效率和生产力。

从现代科学的理论基础来看，系统论、控制论、信息论、耗散结构论、协同论和突变论的理论思想影响人类对制度的理性认识。系统论从整体的视角出发，提倡以数学和逻辑的方法定量地描述系统功能，认为对系统结构和各要素关系的调整能优化和达成系统目标，信息论依托通信技术和数学方法探知信息本质与传输利用规律。控制论将如自动机器、经济系统、社会系统等视为一个自动控制系统，以研究系统的调节和控制规律。耗散结构论关注远离平衡态的开放系统如何在物质能量流的影响下从无序走向有序。协同论关注系统从无序向有序的转变规律。突变论则以精确的数学模型预测失误的连续性中断的质变现象。现代科学的理论内容和旨归向人类昭示了一个客观性事实：现代科学理论充满了工具性色彩，对人类理性认识和规定制度产生了深刻影响，制度无法离开工具理性的作用，它不得不具备工具理性的特征。同时，现代管理时期与行为科学时期一样重视人的价值，以“复杂人”的人性假设为主理解人性，强调管理的重要目的是满足人的多元需求和利益，关注人的知识和能力的提高，人类认为理想的制度应当是能够体现人的本质和价值的制度，基于此，制度也必将具备价值理性的特征。现代管理时期制度将“效率”与“效果”结合起来的意图使制度的工具理性两维必须共同在管理实践中发挥作用。

从管理理论丛林提供的认识论基础看，管理过程学派、社会系统学派、系统管理学派、决策理论学派、数量关系学派、权变理论学派、经理角色学派和经验主义等学派立足不同视角和方法对管理进行的理论认识，不同学派的理论内容存在彼此间的影响和理论思想的交叉，如管理过程学派继承了发展科学管理时期法约尔的思想，强调管理制度的过程性；决策理论学派依靠系统论、计算机和运筹学进行综合的管理决策；社会系统学派将人与人之间的关系视为一个合作系统，管理制度应当适应和促成合作；权变理论学派体现了管理的动态性特点，强调管理制度应当在变中权宜；系统管理学派则追求系统的整体优化，认为制度应从整体性思维出发考虑理性建构；等等。宏观上看，一些学派在对制度的认识上呈现了工具理性逻辑，另一些学派则呈现了价值理性逻辑。

2. 系统管理学的主要观点

社会系统学派的观点是社会各级组织及其关系是一个协作系统。切斯特·巴纳德使用社会的、系统的视角看待管理制度，他谈道：“从整个组织的效果的观点来看，控制从来都不是一个小问题，有时甚至是极为关键的问题。”他认为人与人之间的关系是一个复杂的社会系统，体现了人们在思想、意见和愿望上的合作关系。合作系统基于协作意愿、共同目标以及信息沟通三要素。作为管理控制主要工具的制度要关注人的行为、人的需要、人与制度间的协作关系，发挥协调作用适应这种合作。当上述目标达成时，制度就是有效的。系统管理学派将系统这个复杂整体作为参照系，以更系统和开放的视角寻求制度变革。结构—功能分析学派代表人物帕森斯以一种现代主义的思维方式和“社会系统”结构化的概念理解制度，他认为“社会系统”是一个分工专业化、既互补又相依赖的世界。社会系统学派制度的理性形态表现在：认为制度必须关注人的行为，突出控制作用，处理好管理中的协作关系。

（二）科学管理时期

西方进入工业时期，科学技术广泛发展，工业化大生产使资本主义先进国家的生产力提高到一定程度，但管理技能和水平还跟不上生产力提高的步伐，缺乏科学依据和方法。同时，企业管理者力图合理利用掌握的资本与资源，通过有效经营管理谋求利润最大化。这迫切地需要管理手段和效能产生突破。“科学管理运动”迈上历史舞台，科学管理理论的产生和发展标志着管理进入了全新的科学化时期，期间出现的系列管理制度的创新与变革标志着人们对管理制度的理性认识达到了新的阶段和水平，此时人类认识制度的合理性标准在于制度能否通过对技术的管理和控制促进企业管理效率提升和生产力提高。

科学管理时期是一个企业追求提高科学技术和效率和系统化的时期。在此期间，弗雷德里克·W. 泰勒及其追随者对企业制度的创新起到重要的推动作用。亨利·法约尔的管理原则、马克斯·韦伯的官僚制也成为提高企业科学技术和效率的经典制度模式，他们基于理性的认识都是制度的工具理性。科学管理前期，人类对制度的理性认识与规定逐渐打破了早期管理时期制度的理性两维的原始统一状态，使制度的理性天平逐渐倾斜于工具理性维度上，这为制度的工具理性后续占据优先地位奠定了一定的历史基础。科学管理前期泛指工业革命以来直至泰勒明确提出科学管理理论间的时期。那时，企业家越来越认识到促进制度工具化的重要意义。巴比奇热衷依靠技术手段和科学方式进行管理，制造了世界第一台计算机——差分机；尤尔致力于管理科学知识的培训，强调机械科学制造的重要性，认为工厂应当是融机械系统、道德系统和商业系统于一体的和谐统一体；西伊提倡制度应当重视“分工”问题，提出“工作制度二原则”，此种原则强调一个可以放置任何东西的地方和每件东西都处于恰当位置、每个人都有特定的任务，解决机器车间的管理问题。工业革命及其带来的工业发展对维持工业秩序提出更大挑战，如“罗得岛体制”、“沃尔瑟姆体制”、春田兵工厂计件统计制度、麦卡伦的绩效和晋升制度不得不关注效率和维持秩序的问题。同时，系统管理制度逐渐被重视，卡内基利用控制制度对钢铁业进行整合式管理。包括马歇尔夫妇在内的学者普遍认为，方法和制度对实现内部的规模经济将是至关重要的。后续无论是施洛斯对计件工资制度及“劳动总量”（与一种非正式的谈判和妥协有关）可能导致生产效率低下的现象进行批评，还是以西尔维斯为代表的劳工联盟试图用合作生产制度代替工资制度，以及将制度引入政府服务的威尔逊，都体现了制度的工具理性的进一步发展。

随着泰勒及其理论追随者对科学管理理论的丰富和传播，科学管理运动逐步兴起并步入鼎盛时期。泰勒通过搬运铁块、煤铁铲掘和金属切削等实验，发现了科学挑选工人、通过训练和科学培训提升员工技能、标准管理、计件工资制对工人的激励和“职能工长制”在提高劳动生产率上的重要作用，期望寻找一种能够充分统筹利用社会资源，促成生产过程、作业环境和工具标准化，有效解决劳资双方矛盾，提高员工和企业主经济利益的管理方法。他提出科学管理制度设想，其理性内核在于工具理性。在此种理性逻辑规定下，管理制度的出发点和精髓是坚持“效率至上”和劳资双方间合作。管理的核心要义是“科学”，以科学理性代替经验管理；管理的着眼点是合作而非对抗，必要的手段是对工人进行激励。科学管理理论既使制度成为一种提高生产效率和发展生产力的必要工具，又使制度的工具理性超越价值理性，获取在理性认识上的绝对话语权和地位。即便如此，我们仍要辩证客观地看待科学管理理论，它至少反映出一些将制度价值化的倾向。从某种角度来看，科学管理运动的精神实际是制度和工人间进行的一场心理革命。对泰勒的科学管理制度存在以下几个理论误区需要加以说明和澄清：一是对泰勒制人性假设的认识误区，主要表现在多数人们认为泰勒制人性假设仅仅是“经济人假设”。诚然，泰勒制要求的精密、科学、严格的生产过程压抑甚至异化了人的自由本性和创造性精神，但仅仅将人视为经济人限制了对泰勒制的客观全面的理解，泰勒制实际上已经隐约地体现了一些“社会人假设”倾向，泰勒制注重协调而非分歧、注重合作而非个人主义，并强调适当对工人进行激励和教育培训、提倡级别较高的人与工人间进行平等对话、主张倾听员工的心声、注重制度对人的道德效果。泰勒自己也谈道：“没有任何制度可以脱离真实的人的需求而存在。”总之，泰勒制将秩序、人性和科学三个基本元素通过科学管理制度有效整合，第一次在生产效率与人性化管理间架起了一座制度桥梁，开启了制度人本主义思想之门，体现了尊重人、关心人、解放人和发展人，客观上流露了人性制度的意味。二是对科学管理制度中“科学”一词的认识误区，主要表现在人们习惯将科学管理制度中的“科学”简单等同于现代意义上的科学。实际上，科学管理制度中的科学概念需要在置于当时的历史背景下理解，当时它主要意味着高效率，体现的是关乎劳资双方利益的心理革命。虽然科学管理的目的是提高效率，但是高效率并不等同于科学管理，科学管理制度的要素不是分开的，而是将科学、和谐、合作、心理革命等关键因素整合起来的产物。三是“泰勒制”将制度冠之以“科学”的名义。过分夸大泰勒制的“科学”作用而忽视其历史局限也是极为常见的认识误区。这首先表现在只看到心理革命是泰勒制的精神实质，如果脱离当时一定的社会制度基础是无法彻底实现忽视心理革命的，因为解决劳资双方内在冲突必须通过完善的社会制度加以保证；其次表现在只看到泰勒制极大地提高了生产效率而忽视了泰勒机械观的方法论，如泰勒将劳资双方的利益看成一致的，并将其恒定为泰勒制的出发点，再如泰勒所指的制度都是一些具体的管理制度，而没有从整个社会制度的高度来洞察管理活动所受到的社会限制，缺少宏观的视野去看待管理客体，仅把工人看成是追求利益的、非能动主体，而非集物质、心理、社会需要于一身的客体性主体；再次表现在泰勒制的科学是以生产为终极追求的科学而非以人的发展为终极追求的科学，泰勒即便力求体现制度对人的关心和重视，但从根本上仍然是为了追求生产发展；最后表现在泰勒制对科学的过分强调冲淡了管理制度的艺术性，没有认清管理制度中人的差异性。总之，科学管理时期制度依然存在价值理性，只不过它被制度的工具理性的绝对优先地位和主流态势所遮蔽。

继泰勒创立科学管理理论体系之后，众多追随者丰富和传播了泰勒制，并融入了新认识。如巴思等对科学管理体制的最初应用；甘特对激励工资制的采用、对“工作任务与奖金”制度的发明及对“甘特图”何以辅助制度实施的构思，在一定程度上实现了工人与管理者的“和谐合作”；吉尔布雷斯夫妇对《现场制度》进行的制度建议和对制度中人的关怀；埃默森《十二个效率原则》中关于直线幕僚式组织制度原则的设想等。如此，使他们成为继泰勒后传播制度效率真理的先锋。科学管理使越来越多的人开始信奉科学调查的重要性，事实上，科学调查也使研究具备了更理性的基础，泰勒制也逐步运用到人事管理制度中，普林顿出版社成为践行科学人事管理制度的典范，为现代人事管理制度创新开辟了道路。

科学管理后期，亨利·法约尔、马克斯·韦伯的研究进一步呈现和强化了制度的工具理性色彩。法约尔提出管理的计划、组织、指挥、协调和控制五要素，认为制度要体现一定的等级性，他所规定的管理原则和要素将早期工厂制度实践中的原则编撰成一个概念式的体系，如他所讲，“有恰当的秩序，人人（事事）都占有一席之地”。用“秩序”一词影射制度之意。14 条管理原则中的第 10 条原则是“秩序原则”，秩序分为物质秩序和社会秩序，其社会秩序的理性逻辑在于“合适的人在合适的位置上”。与泰勒制着眼于企业内部的工作效率和车间工人不同，法约尔认为管理有其独特的知识体系，制度的设计要是以企业整体为对象。韦伯提出的官僚制则将制度的工具理性推向理论巅峰，认为解决社会行动困境和社会矛盾问题的唯一理论出路在于将制度全面工具化。他从“理性人”假设出发，设计出一种理想行政组织体系：官僚制，并将官僚制视为最现代、最有效的组织形式之一，勾勒处官僚制的主要特征并系统论述了官僚制的合理性。

虽然官僚制将工具理性极致化，但是我们仍需辩证地评价它，以下几个问题值得注意：一是官僚制毫无疑问确立了制度的工具理性的重要地位，即便人们试图找寻制度的新范式以便消解官僚制工具理性的过分膨胀，但其主流地位并未在众多反对话语和声浪中有丝毫动摇。官僚制基于工具理性，关注制度的准确性、可计算性、连续性、稳定性、可靠性、严整性、纪律性，促成了制度效率的提高，但也导致了其自身遭受种种质疑。如同齐格蒙·鲍曼批判的那样，官僚制的一个重要后果就是行为对象的非人化，作为对象的人已经被简化为纯粹的、无质的规定性的量度，因而也失去了他们的独特性。二是官僚制极力推崇制度的工具理性一定程度上引发制度的非理性。韦伯认为，官僚制在层级分工上的效率与职责、“非人格化”的管理、专业化的培养、公共事务和私人事务的明确划分都契合了工具理性要求。事实上，官僚制所代表的工具理性经过纯粹形式化、层级化地发展，已造成非理性结果，如“非人格化”导致个人的自由存在空间不断被挤压。如罗伯特·K. 默顿证实的，制度本身可能演变成社会冲突的根源，官僚制过于强调非个性化已产生极大的副作用，它不仅墨守成规地维持非个性化的范式，还产生了与公众的冲突。三是虽然官僚制的工具理性引发了价值非理性，但是这不等于官僚制完全不存在价值理性，甚至可以说工具理性与价值理性一定程度上有内在的蕴含关系，官僚制遵循的是工具理性原则，但是制度中的个人近乎不可避免地遵循着其自身价值理性的原则，尽管韦伯心中预设的支撑官僚制组织结构的专业化官僚是价值中立的，即工具理性非人格化中的人会受到价值理性功利主义的策动，只不过这种价值理性在官僚制中体现得并不明显。四是虽然官僚制追求的是“非人格化”的制度，并明确他拒绝官僚的独立人格，但是韦伯在观念层面上并未完全摒弃对官僚制的人格分析，但他还是注意到了政治的“人格”。官僚制也无法冲破制度中，人是活生生的存有人格特征的人的客观事实。但行政人格终究不同于政治人格，行政人是“单向度”的人，行政人格旨在摧毁基于价值理性的个体完整人格和信仰，预设制度的非人格化。韦伯认为政治家的人格是存有制度化了的价值系统，其隐喻在于：官僚制中的人是具有并体现着官僚色彩，是“秩序化了的人”，官僚制在客观上造成了非人格化后果，可以说是法理型统治的非人格化秩序与制度的人格化的辩证。韦伯自己也认识到官僚制的确具有价值理性，但却对工具理性与价值理性之间的并存矛盾状态束手无策，所以他也悲观地承认，官僚制仅仅是一种“理想的”制度形式。

综上所述，科学管理时期制度的理性偏好集中表现为制度的工具理性地位的优先。如果说早期管理时期制度的工具理性与价值理性混沌地统一，那么在科学管理时期制度的工具理性已经脱颖而出，并处于范域上的扩张期，这表现在无论是科学管理前期以斯密为代表的经济学家和企业家对制度效率最大化的探索，还是泰勒对可计算的、可量化的、效率最大化的工厂体制的追求，抑或是同时代泰勒的追随者对效率制度的传播；无论是法约尔对管理秩序的强调还是韦伯对稳定的、严整的、可计算的行政制度的确信，都让人们坚信，存在于社会之中的管理原则和职能需要只有通过科学方法才能发掘。这促使制度的工具理性在此时期极度扩张。虽然泰勒制和官僚制都洞察到了人性因素对制度的影响，但是人们对此的理性认识也仅仅停留于表面，并深受经济人假设的理论桎梏，并未对制度的应有价值进行深入的探究。

不可忽视的是，在管理全面进入行为科学时期的前期，一些研究者的制度理想反映出对人类对制度应有价值的渴求，这为制度的价值理性彻底登上历史舞台提供了思想准备。人类开始关注制度与社会行为和社会系统的关系，玛丽·帕克·芙丽特力图以“整合”寻求建设性冲突的解决，以“共享的权力”替代“统治的权力”，把命令“去个性化”，把服从转变成“情境规律”，从而实现以协调为基础的、事实和相互关联的控制。她认为，人们真正获得自由更多依靠群体，而非个人，图构的基于群体制度的新社会突出“集体意志”“群体思维”以及“团结精神”。组织实质是情景支配下的互动体系，制度要促成人的心理、意愿和利益的融合统一以便解决人与制度之间的冲突。可见，她认识到制度应是自由的、关乎人的心理状态和利益的、需要整合的。制度要起到良好沟通媒介作用的关键在于协调，体现他对协作整合视角下制度应有价值的主张。芙丽特和巴纳德认为，制度应当关注群体中的个人，制度的权威在于人与制度间的融合统一，他们的理论在科学管理时期和社会人时期之间搭建了思想之桥。

（三）行为科学时期

从经济社会发展的背景来看，科学管理理论极大地促进了经济与科学技术的发展，但周期性经济危机的加剧和经济的大萧条使人们意识到，仅靠科学管理理论和工具化的制度已经不能有效控制管理对象和提高劳动生产率，增加企业利润。从工具化的制度理论运用的实践效果看，尽管科学管理时期人们也或多或少对制度的应有价值进行了一些理性认识，但是相对于人所拥有的强烈的情感需要和社会需要远远不够，秉持效率至上、最大精确、科学管理的泰勒制引发了工人和社会不满，一度成为企业家为摆脱经济危机而加剧对工人剥削的工具，将人视为“活的机器”使单纯唯工具化导向的制度陷入合理性与合法性的双重危机。基于此，人类不得不继续探索解决这些问题的理想制度应当具备何种价值，怎样发挥作用。

事实上，行为科学时期，人的理性也并未忽视制度的效率问题，如行为科学所强调的制度应当关注人的心理与行为、关怀人的需求与价值，这在一定程度上也是为了更好地解决工人与企业的矛盾，从而提高效率的理论尝试。但与理性对制度效率的肯定与追求相比，行为科学时期更凸显的是制度的价值化的旨向。此外，制度的价值理性的真正高扬大致始于约翰·罗尔斯对制度伦理问题的强调，如他立足“原初状态”和“无知之幕”，作出“正义是应用于社会制度时的正当，是社会制度的首要价值”的论断，其“新契约”阐发正义二原则的意图在于观照“最小受惠者”如何能够保全自身最大利益的实现条件，认为只有在有效调和自由与平等之间的冲突后才能够在真正的意义上最终实现平等；再如，他提示人的关系的社会本性在正义原则中具有重要意义，“应用于社会制度的自由，意味着某种权利和自由的模式”，等等。即便如此，行为科学时期人类理性对制度价值化的强烈偏好无疑助推了价值理性在制度实践中的复位和取得理性偏好上的优先地位。

在乔治·埃尔顿·梅奥进行霍桑实验前，人们已经开始关注人的心理因素对制度的影响。艾尔弗雷德·阿德勒早已预见社会感对于人性的重要影响。如罗伯特·欧文在人际关系学说出现前已经重视到人的因素和作用，主张要与工人和睦相处、改善劳动条件和工资待遇，认为资本主义制度破坏了社会融洽和道德风尚，是社会贫困的祸根。梅奥通过“访谈”和对非正式群体行为的观察，关注组织秩序中的人际关系问题。霍桑实验昭示了一个事实：秩序中的人是群体中的个体，是社会人，制度中人的价值与社会价值高度一致。霍桑实验和人际关系学说对人性的探索为行为科学的产生提供理论和实践的双重基奠。人们顺势认为人性是制度的应有价值。虽然梅奥发现制度存有社会人的行为，也从整体视角诠释制度中的人，提示制度应当突出人类活动的规范性和社会性，但是他并未研究人的行为在制度中的规律。20 世纪三四十年代，卡特·勒温从群体动力学角度思考制度问题，认为理想的制度应能够聚合并均衡群体行为。他发现群体动力影响群体结构，群体存在“准静态均衡”。人的情绪、活动和相互之间的影响共同左右群体的行为，当群体行为统一时，便形成“群体规范”。随后，谢里夫对这种群体规范起源进行了创新性实验，暗房实验表明，“虽然每个人都在自己的环境中形成了各自的范围和规范，但当个体被一起放到群体中时，他们的范围和规范就趋向于集中”。20 世纪五六十年代，塔尔科特·帕森斯批判了后工业社会制度对人价值的毁灭和对人性的扼杀，与韦伯确信不同价值领域间存在深刻的冲突不同，他认为在不同的可能的价值之间有着前定的和谐，要将情感行动看作是一种剩余性范畴，“群体在共同体背景下的行动，也有制度性的方面”。总之，梅奥、勒温和帕森斯都基于“社会人”的人性假设论证了社会人对制度的深刻影响，认为制度的应有价值离不开对个体和群体的心理与行为的关注。

很多行为科学家继“社会人假设”之后，从“自我实现人假设”出发，对制度的应有价值进行了一番探索，普遍认为，那些能够观照和满足人的需要、动机和激励等因素的制度才是有价值的制度。亨利·默里从《人的探索》中总结出人有关尊敬、不可侵犯、成就、秩序自主等20余种需要。戴维·麦克利兰认为人有对权力、社交和成就三类基本的激励需要，具有较大权力欲的人极为关切施加控制。道格拉斯·麦格雷戈意识到组织生活的严谨性和现实性，基于对人本质的不同假设，采取不同的方式组织、领导、控制和激励员工，提出X-Y理论（Theroy X-Theroy Y），此理论基于对传统的以强调对人约束和强制规则的X理论进行批驳，求证人处于规则的约束时，其能动性一旦被给予一定的外界条件（如赋予制度下的人一定程度的自由）就会激发Y理论的正确性。从强调人本组织的侧面（制度面）来看：X理论在一定程度上表征了基于传统“经济人理性”对人进行的硬制度控制，而Y理论则表征了基于新兴“社会人理性”对人进行的软制度控制，从其制度目标上而言，如麦格雷戈自己所概括的那样，是个人目标与制度目标的结合，对规则中的人性进行系统分析。亚伯拉罕·马斯洛认为个体动机与人格是制度执行和发挥作用的基础与关键性问题，人的不同动机是行为的驱动，人的自我实现在人格发展中具有重要作用。尽管马斯洛极力强调个人，但是他并未忽略制度的重要性，制度是嵌入了个体人格的人性制度，人性的丰满无法离开合法则以及正确的、完善的秩序安排。在他看来，制度应是关注人格特征的、追求正义的、充满秩序的、关注人的需要的、具有发展的、动态的性质的人本制度。西格蒙德·弗洛伊德从精神分析角度解析制度中的人的问题，他立足于潜意识、基于人性恶假设分析人类心理和行为，引用法国心理学家勒邦关于群体心理的研究说明一个事实：“在群体中，个体的特定习性被湮没了，相应地，他们的个性也消失了。”异质的东西被淹没在同质的东西中。就群体而言，个体的利益简直是微不足道的，因为此时，群体品格已经高于个体品格。群体制度在形式上必须具有连续性，制度应当确保每个人有自己特定的作用和位置。艾里希·弗洛姆认为现代资本主义制度具有社会性格的特征，其功能在于在特定的社会中锻塑及引导人的力量，目的在于保证社会的持续运行。因此，便造就了“可支配的人格”，在理想和精神健全的社会中，个人的幸福应当被关注，个人要富有创造力和责任感。

“经济人”“社会人”“自我实现人”人性假设的出现使人们能够更深层次地认识制度，然而，基于上述种种单一、排他、绝对、固化的人性假设所思考和构建的制度设想并不能全面地呈现制度的应有价值。正如约翰·杜威所说的：“人性的确会改变。”一些被称为本能的倾向是人性不可分割的部分，他提出制度主义人性论，把人性理解为“一个信念、愿望和目的的系统，在生物习性和社会环境的相互作用中形成”，制度改良与人性存在一定联系，认为“有很少几种社会改变是可能以其违反人性为理由而加以反对的”。必须在固有的人性与社会习俗和制度之间确保与维持一种均衡已逐渐演变成大众文化的第三种文化，也向人们揭示了“我们是谁”“我们是什么”等的问题，斯图尔特·考夫曼认为人作为生命的有机体不断变异和进化，复杂系统构建在有序和混沌的边界之上，它们最能够适应变化和选择性，这被称为自由秩序。克里斯·阿吉里斯提出“个性与组织”假设，反映个性需求与正式组织要求不一致的情况，“正式的组织是有理性的组织”，他建议对组织进行设计以减少不一致，实现个体与组织间的和谐，持理性的组织结构能促进人的理性行为的观点。他也觉察到个性与人格在管理控制中的影响力，了解个性与人格必须嵌入自我意识，即“只有当我们了解了自己，才能了解他人，而且也只有当我们了解了他人，才能了解自己。”正式的组织是体现人们对预期结果“镜像”的理性组织，正式的组织秩序发挥作用无法剥离人格的存在，而人格达到“内外统一”的平衡取决于“内在平衡”（作为自我调整情绪的人）和“外在平衡”（作为适应环境的人），组织要按照正确的秩序处理问题，于是人们都会遵从理性按照制度规定行事，或可称作“有意而为之的理性行为”。1965 年，埃德加·沙因在分析了理性经济人、社会人、自我实现人三种人性假设的基础上，提出了对人性分析的新视角：“复杂人假设”。认为人的动机和人性十分复杂，将所有的人都归为同一类人这种过于简单化和概括化的处理方式是错误的。因而，个人与组织之间将引入一个重要的分析变量——制度，或者契约。不过，这种制度强调作为一种辅助性规范在个人心理层面的效度。制度应是灵活的，以接纳各种人际关系、权威模式和心理契约的情境现实为基础的权变制度。对此，爱德华·劳勒提出一个有建设性的建议：“薪酬机制必须最终变得‘个性化’。”

在经济全球化带来新的管理机遇与挑战下，一种被称为“文化人”的人性假设成为人们思考制度应有价值的理论基础。克利福德·格尔茨认为，文化是一个我们对（认为）他人正在做什么的一个系统性、深描性地解释。“没有独立于文化的人性这种东西。”查尔斯·霍顿·库利揭示了社会过程的个人化方面，人的生活及表达自我的愿望自出生起就要受到社会系统规范。但也会存在失序的情况，不仅与社会生活要求的可预测性背道而驰，而且也与每个个体内心深处对结构和确定性的心理需要背道而驰，因而必须通过制度对这种失序状态加以控制。于是，制度便成为寻求一种文化共同体的必然结果。日本经济的腾飞引起了威廉·大内的注意，他认为文化在日本经济腾飞过程中起到的不容置疑的作用，他找到了一种Z型组织，此种组织与官僚制的最大区别在于它内部的文化已经达到高度一致性。必须要形成一种符合Z型组织的制度文化。这种文化的形成、被认知和得以巩固离不开组织学习、发展及建构。卡尔·维克视组织为可进化的系统，组织活动是社会活动，而不是一场“独舞表演”，必须对人的行为加以协调，组织建构的核心在于让自己变得复杂。维克的结论启示了彼得·圣吉，他呼吁在组织学习中推动管理机制创新，因为“就其本质而言，任何组织都是其成员进行思考和互动的产物。”“优质服务和对制度的盲从是无法共存的。”因而要学习与制度目标休戚相关的知识和文化。传统管理坚持理性经济人假设下以技术—经济理性为主导的管理范式，坚持理性经济人假设，行为科学时期则出现了“社会人”“文化人”“复杂人”等人性假设。理论与实践证明，制度单纯的“理性经济人”假设忽视人文价值致使制度中的人被割裂为“单面人”和“碎片人”，弱化了人的主体性，使人性沉沦；而单调的“社会人”假设对人存在和本质的重视又在客观上难以保证制度的效率；唯“文化人”假设虽然丰富了人性的假设维度，也能够为制度的理性建构提供文化支撑，但却容易丧失经济基础和社会上层建筑基础沦为精神上的文化空想；单一的“复杂人”假设对人性进行立体性和多维式的观照，却难以穷尽人性的复杂性表现，也不可避免人性的异化和变异；绝对“理性人”假设虽然有助于制度理论建构和实践进程的理性化，然而，它难以解决理性和非理性兼具的主体人的天然理性缺陷，也不能避开人的有限理性，因而也不能独立支撑人性在制度中的生存与发展。如此我们可以发现：单纯寄托和依靠某种单一的人性假设的确难以解决制度的人性困境难题，不过行为科学时期对人性假设的极力关注还是有助于对人的问题的观照。综上，行为科学管理时期制度的理性偏好是制度的价值理性优先，这并不意味着制度的工具理性不复存在，相反，它仍作为一种理性逻辑作用于制度理论和实践之中，不过与它在科学管理时期成为制度的主导理性逻辑不同的是，此时期工具理性逻辑对制度的作用和影响并不明显，关于制度的理性认识与规定产生了价值化历史转向。

三、新管理理论

决策理论学派在吸收系统论、行为科学的观点以及借鉴计算机技术和统筹学方法的基础上发展起来，提出“管理就是决策”。主要代表人物是赫伯特·A. 西蒙和詹姆斯·G. 马奇，他们发展了巴纳德的决策理论。西蒙继《管理行为》系统阐释有限理性后，在斯坦福大学的三个讲座中进一步拓展三个理性模型及人的情感对决策的影响，这使有限理性的研究由个人层面深入公共和社会机构的有限理性层面，认为有限理性对社会和政治机构决策具有重要影响。强化制度的理性离不开建立专业化的组织、利用对抗式的程序以及在决策时运用新的技术工具。马奇认同西蒙的有限理性观点，但他更注意决策中的秩序问题。他谈道：“决策是由于遵循规则和实现身份而产生的。”决策的秩序贯穿了对现实、因果关系以及意图的理性思考，无法规避外在现实以及内在偏好与身份的模糊性。可见，决策理论学派制度的理性表现在制度应当确保如何让有限理性人制定出最好的决策。

经验主义学派将实践置于首位，提倡有关企业制度的理论应当从管理实际出发，特别要以大型企业的管理经验为主要研究对象。彼得·德鲁克认为管理的本质就在于人性与实践性，有效管理制度的认定标准在于能否做到最大限度地弱化管理者的人格。他坦言“像管理学这样的社会科学，关注的是人和社会机构的行为。”在组织形态上，认为管理范式正逐步发生变化。“在一个多元的社会里，所有组织都必然是政治组织。”在管理的范围上，认为管理范围由法律决定，在管理目标上，认为管理面临着新的挑战：自我管理。真正的共同体的目标总是自我实现的，目标管理的好处在于，管理者可以通过测评机制进行绩效的自我控制。在制度必要性上，认为管理需要规章以便对造成的社会影响承担责任，“只要有一种不良影响必须通过增加成本才能消除，管理当局就必须预先考虑并拟定出某项解决问题的规章，以便能够以最少的成本使公众和企业得到最大利益”。在制度建立原则上，认为多元社会的立宪原则应根据业绩了解不同的组织机构，只有卓有成效的管理才能使当今社会的两种需要（组织要为个人作出贡献，个人要把组织当成实现人生目标的工具）相辅相成。在制度形式上，团队并不是一种“自由形式”，而是一种高度约束化和高度结构化的形态。在组织结构的选择上，比较职能分权制和联合分权制，最终得出“最大限度地实行联合分权制和通过将分权制的原则应用于根据职能组织的活动中将必然提高业绩”的结论。在制度创新上，认为在公共服务机构在培养和创新能力方面，需要符合企业家精神的企业家政策。可见，经验主义学派认为制度应当关注对人的管理，以便管理获得利益、提高业绩和提高有效性。

第二节 社会主义经济管理理论

一、马克思的社会主义经济理论

（一）价格理论

马克思在《资本论》中对价格的表述是不断变化和发展的。我国经济学界长期以来对马克思在《资本论》中提出的“生产价格”和“价格”的概念理解存在争议，有的学者甚至直接将二者内化为一个概念，提出“由商品的成本价格和平均利润构成的价格就是生产价格”的观点，将生产价格的本质归为价格，认为生产价格就是一种价格。事实上，这种说法是不够严谨的，因为马克思对“价格”和“生产价格”定义的范畴是有差别的，不能笼统地将二者混为一谈。

马克思认为：“价格是对象化在商品内的劳动的货币名称”，这是在阐述货币或商品在流通过程中以价格形式存在的原因，商品价格或货币形式，同商品的价值形式本身一样，是一种与商品的可以捉摸的实在的物体形式不同的，因而只是观念的或想象的形式。一种商品被生产出来后可以通过价格将具有等量价值的货币表现出来，但是有些东西本身并不是以物质形式存在的商品，而是一种抽象的、精神化的、虚幻的东西，他们并不一定可以通过价格形式来完全体现其价值的量的大小。

从实质上看，资本主义制度下市场价格形成的基础仍然是价值，价格仍然是商品价值的货币表现形式，生产价格其实是价值的一种转化形式，它并不是市场价格形成的真正基础，也并不是对价值规律的一种否定，而是价值规律与资本主义中等量资本要求获得的等量利润的分配规律相结合的结果，是价值规律在资本主义社会中发挥作用的一种特殊的方式。那么，在社会主义经济中，是否也存在生产价格的范畴呢？从生产关系和经济制度的属性来看，社会主义公有制的建立，已经将社会主义社会的生产关系与资本主义社会的生产关系在本质上进行了区分。整个国民经济有计划地进行发展，而不是在自由竞争的市场上进行，这种计划经济的制度性质取消了生产价格形成的客观条件，也取消了利润平均化的客观要求，因为社会主义企业的物质利益是根据按劳分配的原则来实现的，而不是资本主义社会中对生产资料的直接占有。同时，社会主义企业的所有经营活动都需要严格按照国家的计划指标进行，不能私自改变经营的范围和扩大再生产。①

（二）再生产理论

马克思对社会总资本两大部类再生产的完整研究是在《资本论》第2卷中完成的，其在对前人的理论进行系统总结和阐释的基础上，分析了社会总资本的简单在生产过程，再进行扩大再生产的研究，进而在研究过程中找到了使社会两大部类在进行扩大再生产交换的过程中的实现条件，以保证实物补偿和价值补偿的完整，以保证在均衡状态下的再生产实现。马克思在对社会总资本的再生产过程进行研究时，对两大部类的交换进行了分析。两大部类在进行交换的过程中需要遵循的原则是建立在第Ⅰ部类生产的全部产品作为生产资料在扣除本部类的生产资料需求后，剩余部分需要进行本部类的可变资本部分和剩余价值部分的生活资料需求的转换，同时对于第Ⅱ部类而言，其全部产品作为生活资料在补偿本部类中可变资本部分和剩余价值部分的生活资料所需后，需要将余下部分转换为生产资料，两大部类之间对生产资料和生活资料的需求恰好可以通过交换来实现的基础上的。而在两大部类之间能够实现交换的进行是建立在以货币为流通媒介的基础上得以实现的。马克思得到了社会总资本的简单再生产结论：第Ⅰ部类商品资本中的v+m价值额（也就是第Ⅰ部类的总商品产品中与此相应的比例部分）=第Ⅱ部类不变资本c，也就是第Ⅱ部类中的总商品产品中分出来的与此相应的部分；或者Ⅰ（v+m）=Ⅱc。之后，马克思有对第Ⅱ部类中生活资料的交换进行了更为细致的描述，将生产生活资料的部分，又细分为工人阶级消费的生活资料，也就是生活必需品，以及资本家阶级消费的生活资料，也就是奢侈品部分。再通过举例来说明必要生活资料和奢侈品的第Ⅱ部类内部交换过程，以及对资本家预付工人工资的货币回流运用，并对固定资本补偿进行说明，又在对货币材料的再生产过程、可变资本和工资的问题进行阐述的过程中，完成了对社会总资本的简单在生产过程的研究。

在对简单再生产分析的基础上，马克思开始对社会总资本的扩大再生产进行研究，这一研究也是对社会总资本扩大再生产问题的唯一一次分析。对社会总资本的扩大再生产研究使马克思的再生产理论形成了较为完整的内容体系，也标志着其再生产理论的完成。马克思在进行扩大再生产研究过程中对实现扩大再生产的货币积累条件进行分析。马克思认为，在对剩余价值进行积累时，剩余价值转化为货币资本进行扩大再生产的过程会以增加现有的不变资本和可变资本数量，

① 李宏伟.《资本论》中“机器”概念的革命意义［J］.马克思主义理论学科研究（双月刊），2018（2）.

或是通过建立新的企业来进行实现。而从简单再生产到扩大再生产，第Ⅰ部类所起到的作用在于更多地实现不变资本的生产以满足两大部类再生产实现的需求。对可变资本的追加，要以“新的货币资本中可以转化为可变资本的部分，在应该转化时总会找到劳动力”。因此，在进行扩大再生产中，需要通过不断增加职能资本的数量来实现第Ⅰ部类的扩大再生产。同样，劳动者在不断进行生产性劳动的过程中，保存了不变资本部分，在第Ⅱ部类生产结束后，也对本部类的可变资本部分和资本家所得到的剩余价值部分进行了全部的价值和实物的补偿。在这一过程中，货币贮藏功能使资本家实现了可以进行扩大再生产的可能。在第Ⅰ部类能够进行扩大再生产的准备后，马克思开始研究第Ⅱ部类的积累问题。由于在简单再生产过程中，第Ⅰ部类中的扣除自身不变资本部分的余额需要通过与第Ⅱ部类交换来实现本部类工人阶级和资本家的消费。同时，在交换的过程中也实现了第Ⅱ部类在进行再生产过程需要的不变资本部分，使两大部类的再生产过程都能顺利进行。因此，与第Ⅰ部类相同，第Ⅱ部类中也需要对生产所得的剩余价值进行积累，才能实现再生产过程在扩大的规模上进行。

在找到两大部类之间如何进行交换的准备工作后，马克思进入到如何进行两大部类积累和交换的具体问题的研究中。马克思指出，扩大再生产是建立在简单再生产基础上的，对剩余价值的一部分进行积累的基础上，将其按照一定的比例分配给不变资本和可变资本来实现。同时，在确定第Ⅰ部类的积累数量后，第Ⅱ部类的积累数量也会随之确定，这种将积累的剩余价值以不同数量组合的形式分给职能资本的形式，正是实现扩大再生产的方式。马克思通过列举5个例子来说明两大部类之间为进行扩大再生产而进行的部类间的交换，并得到了积累必须在Ⅰ（c+v）>Ⅱc的前提下进行，以保证第Ⅰ部类生产的生产资料可以保障两大部类再生产过程中不变资本的增加。所以在以资本的增加为基础的生产中，Ⅰ（c+v）必须=Ⅱc在加上并入资本的那部分剩余产品，加上第Ⅱ部类扩大再生产所需要的不变资本的追加部分。

马克思在《资本论》第1卷中发现了资本主义的生产方式必然会由于资产阶级与工人阶级之间的矛盾的不断激化，最终形成由于有效需求不足而造成的危机的必然性。马克思在对单个资本循环和周转的研究中得到“资本作为生产资本的不断再现”，无论是在G…G’形式的循环下，还是P…P形式的循环中，都以资本在流通过程中的转化为条件不断地运动。在对单个商品形态进行研究后，通过对单个资本综合而形成的社会资本的循环，也就是对社会资本的循环过程进行考察。这个资本不仅以资本的形态对循环过程进行考察，还对商品的实物形态循环进行分析。虽然这些研究不仅考虑了资本流通过程，同时还考虑了商品流通过程，但是依然只将其作为单个的资本主义生产过程进行分析。之后，马克思在考察资本在整个生产循环过程中所处的不同形态以带来的不同循环形式后，又加入了对流通时间、循环周期的考察。这些分析虽然清楚地表明了单个资本的再生产过程，但只是作为社会资本中的独立部分进行研究，并未考虑到与其他资本之间的联系。并且，这一独立部分的运动由于流通过程中生产资本到商品资本的转化中会出现“惊险的跳跃”，造成危机的可能，进而在对资本整体的考察时，找出其包含的约束条件，为社会全部资本总和的生产再生产过程避免危机，顺利找到可行性条件，也为更好地进行社会再生产活动提供理论依据。

中国自改革开放以来，经历了 40 多年的经济发展，发展过程中出现的两大部类之间的结构不平衡问题已经成为阻碍中国经济发展的重要原因之一。中国的经济发展是马克思的社会资本再生产理论的科学验证，其发展过程也遵循着对理论的科学应用。为此，通过对马克思两大部类再生产理论的应用，为解决我国在社会主义市场经济建设过程中出现的与两大部类之间相关的结构不平衡问题在理论上找寻解决方式，以帮助我国经济在平稳健康的环境中不断发展。

需要警惕的是社会生产两大部类失衡带来的负面影响。尽管马克思的社会再生产理论着重分析的是资本主义社会下的简单再生产和扩大再生产的过程，但是在社会主义社会经济建设的发展历史中，再生产理论的运用同样需要避免两大部类关系之间的失衡现象。由于资本的扩大再生产总是伴随着技术进步的因素促使资本有机构成（cv）的不断提高，列宁根据此条件将技术进步纳入再生产的公式，指出技术进步是扩大再生产的前提条件，并结合了马克思扩大再生产理论实现前提的基本公式Ⅰ（v+v+mx）= Ⅱ（c+c），总结出第Ⅰ部类生产资料“优先增长”的规律，即增长最快的是生产资料生产，然后是消费资料的生产资料生产，而增长最慢的是消费资料生产。在此基础上又指出，无论是资本主义社会还是社会主义社会，只要存在技术进步的规模再生产，这种“优先增长”的规律就会发挥作用。客观地说，列宁的这个结论是片面的、不严谨的。因为单方面地追求生产资料生产的增长速率而忽略消费资料生产的发展，会导致Ⅰ（v+m）的增长比例偏高，进而导致Ⅱc 的固定资本无法得到对应的价值补偿和实物补偿，破坏了两大部类之间的动态平衡，最终引发经济危机，历史发展的经验教训就是最好的证明。在苏联模式笼罩下的东欧社会主义国家为了迅速恢复国民经济水平，在社会主义经济建设的初期都犯了同样的错误，就是盲目地寻求生产资料生产的增长目标，尤其是在工业化生产领域更是如此。

（三）按劳分配理论

马克思主义的按劳分配理论，是在社会主义的实践中不断发展的，体现了生产资料公有制中的人们在占有生产资料上的平等关系，是使劳动成为占有社会产品与获得收入的重要依据。由于资本主义社会中的生产资料属于私人占有，资本家获得的剩余价值部分实际上是剥夺了工人的剩余劳动时间而获得的收益，但这部分收益并没有分配到工人的收入中，而是被资本家无情地占有，说明按劳分配的原则在资本主义社会下不具备客观存在的条件，要实现“公平分配劳动所得”更不可能，这就是马克思在《哥达纲领批判》中批判拉萨尔主义关于“劳动是一切财富的源泉”的错误观点，这种折中主义分配理论的观点在资本主义生产关系中实质上是掩盖了资本家对劳动者的剥削，分配的结果只会越发地对资本家有利，逐渐形成收入分配两极分化的马太效应。

按照马克思主义政治经济学中生产力与生产关系的理论，生产力决定生产关系，生产关系反作用于生产力。而分配关系是生产关系中非常重要的环节，分配的结构完全取决于生产的结构。因此，分配关系也可以说是由生产力决定的，生产力水平越高，物质产品越丰富，可供社会成员分配的劳动产品就越多，反之则越少。在社会主义社会条件下，劳动价值论就是按劳分配原则的理论基础，而在资本主义社会条件下的分配原则实际上是根据剩余价值论来规定的。当剩余价值转化为资本时，就能逐渐扩大资本家阶级的资本积累量，而这些资本又将被用于产业的再生产中，不断扩大生产的规模，这种资本主义的生产过程是无法实现按“劳”分配的，劳动者生产的产品并不属于自己，而是属于资本家。

由于劳动的价值在资本主义社会中发生了异化，工人与自身的劳动活动和劳动产品相异化，而这种异化劳动正是由资本主义生产资料私有制所致，当生产社会化与资本主义生产资料私有制的基本矛盾越发激烈时，就会产生经济危机。因此，马克思在设想未来共产主义社会的两个阶段中，对收入分配方式作出了不同的解释。在共产主义社会的高级阶段，异化劳动的现象消失，无产阶级不再受到资产阶级的压迫和剥削，全社会的成员可以实现“按需分配”。只有消除隐藏在资本主义社会的雇佣劳动下的剥削关系，消灭生产资料私人占有，才能走上共产主义社会的发展道路，真正实现人的自由全面的发展和共同富裕的目标。

从历史的发展和实践的证明来看，无论是苏联和东欧国家的社会主义经济建设还是中国特色的社会主义经济制度的形成与发展，都是在马克思主义政治经济学理论的基础上不断形成与发展的，对社会主义分配方式的探索也是根据马克思的按劳分配理论进行的，说明马克思对未来社会主义社会的经济结构以及生产、分配、消费等领域的设想和预判是划时代性的，具有非常重要的参考价值和研究意义，也深刻地影响着不同国家建设社会主义的方向和目标。当然，中国与苏联和东欧社会主义国家的发展状况和结果都有所不同，而且至今只有中国成功地走出了一条独具中国特色的社会主义道路，逐步建立了以公有制为主体、多种所有制共同发展的市场经济体制和以按劳分配为主、多种分配方式并存的收入分配制度，不断发展成为世界第二大经济体。

二、列宁关于社会主义经济管理的思想

如果说马克思与恩格斯并未对无产阶级政党如何领导经济工作进行详尽的论述，那么列宁作为世界上第一个社会主义国家的缔造者，就在布尔什维克党如何领导经济工作方面提出了许多真理性的认识。他关于布尔什维克党领导经济工作的思想主要集中在战时共产主义政策与新经济政策两大经济政策中。

列宁在战时共产主义政策中阐明了布尔什维克党在特殊情况下领导经济工作的重要性和方式，保护了新生的社会主义政权，为世界上第一个社会主义国家的建设提供了根本的前提。

战时共产主义政策在实践上证明了布尔什维克党对经济工作的领导具有先进性。在第一次世界大战的特殊背景下，列宁在不得已的情况下提出由布尔什维克党领导全苏俄的经济，事实证明这一决策是正确的，布尔什维克党对苏俄经济高度集中的计划领导保护了社会主义政权从实践上证明了布尔什维克党对经济工作领导的正确性。

在布尔什维克党领导经济的具体方式上，列宁提出必须加快公有制进程，实行余粮收集制和工业国有化政策，将生产资料集中起来，为布尔什维克党全面统筹经济工作提供制度支持。同时，在经济领导方式层面，通过在苏维埃国内设立统一管理各个行业的经济管理总局，通过计划、行政命令等方式设定总的生产指标，对经济实行军事化的管理与领导。同时，通过有计划的分配，统筹国内的所有物资调配。这是对落后社会主义国家中党领导经济的探索，战时共产主义政策在战时的成功和战后的失灵都为布尔什维克党领导经济提供了宝贵的经验和教训。

苏俄战后战时共产主义政策受挫，苏俄面临喀琅施塔水兵叛乱以及严重的经济困难，以列宁为代表的布尔什维克党人不断探索落后苏俄的社会主义经济建设道路，提出了将战时共产主义政策调整为新经济政策。新经济政策在应对苏俄国内政治经济危机，推进苏维埃的经济建设方面发挥了巨大的作用。列宁在新经济政策中进一步明确了布尔什维克党对经济工作领导的重要性，指出在经济工作中

加强布尔什维克党建设，并创造性地提出了一系列布尔什维克党领导经济工作的方式方法。开创了落后社会主义国家中党对经济工作的领导，积累了成功的经验，是习近平同志关于党领导经济工作认识的理论源头。

在布尔什维克党领导经济的重要性层面，在列宁看来，布尔什维克党是“工人阶级先进部队”，有“领导工人阶级深刻改变旧社会”的任务，并明确指出“在我国，国家政权的一切政治经济工作都由工人阶级觉悟的先锋队共产党领导”，指明了社会主义国家经济由布尔什维克党领导。

在布尔什维克党对经济工作的领导方式层面，列宁根据国内政治经济情况，及时转变了利用战时共产主义政策直接过渡到共产主义的美好愿望，而是采取更加迂回的方案，即实行“上面集中、下面自由”的社会主义宏观经济管理改革。“上面集中”就是社会主义国家在经济管理的顶层设计上对经济进行集中统一管理，提出通过“苏维埃政权加全国电气化”来实现共产主义；“下面自由”就是通过采取市场化的经济行为来实现宏观经济目标，列宁开创性地提出了以粮食税代替余粮收集制，并允许农民用剩余农产品交换工业品，允许实行国家资本主义，允许私营经济发展，允许商品贸易、允许外国资本进入苏俄投资建设，取消平均分配原则，这一系列经济原则的实质是利用非公有制经济来增加苏俄落后的社会生产力总量。

在经济工作中加强布尔什维克党自身的建设层面，列宁提出布尔什维克党干部要通过向资本主义专家学习先进的生产技术和管理经验来提升自身经济工作的能力。同时，历史唯物主义认为人民群众是历史的创造者，党的经济工作要通过“吸收工会参加”“吸收非党工农代表会议参加”来调动广大人民群众生产的积极性。同时，加强党的经济组织建设，在苏维埃国内建立广泛的党领导经济的组织委员会，在中央建立国民经济委员会，在地方建立省经济委员会、县级以及乡级的经济委员会，对国民经济实行统筹管理。党在做经济工作时，必须保持良好的工作作风。总而言之，列宁关于落后社会主义国家中布尔什维克党领导社会经济建设的理论，增强了布尔什维克党领导经济工作的能力，拓展了党领导经济的方式，成为习近平关于党对经济工作领导重要论述的理论源泉。

三、斯大林的社会主义市场经济理论

斯大林领导苏联进行社会主义建设后，提出“在一个国家首先建立社会主义”的主张，放弃列宁的新经济政策，实施高度集中的政治经济体制，在一段时间内，苏联工业发展成绩令人瞩目。斯大林执政之初，根据当时国内外背景，为

了消灭城乡对工业品的需求和工业对这些产品的供应不相适应的现实情况，斯大林提出要加快工业发展速度，高速度发展生产资料的生产，加速实现国家工业化，从根本上改造整个国民经济发展结构。在苏共第十四次代表大会上，斯大林提出俄国经济发展总路线的基础和实质，是把我国从农业国变成能自力生产必需装备的工业国。

斯大林将实现公有化认定为符合恩格斯描述的共产主义社会，取消工农业的商品自主生产。20 世纪 30 年代中期，斯大林确立新的经济体制使政治经济过于高度集中，与高度发展的重工业与军事工业不匹配的是落后的农业生产，被忽视的消费品生产，地方企业生产积极性受到严重影响，甚至一度出现面包比石油贵的现象，无法保障人们生活所需的基本物质资料生产与社会经济发展，农业生产力的下降无法满足工业的需求，这为后来苏联的解体埋下了伏笔。

随着苏联气象问题造成粮食生产减少，出现经济危机。国家依靠行政手段征集余粮，实行农业集体化，强化城乡二元化。计划经济进步没能解决苏联的经济问题，政府应该放开计划管制，实现经济自我调整和工农业的均衡发展，而斯大林放弃列宁的新经济政策，只发展工业造成农业和工业发展双重失衡，回到余粮收集制的老路上。

第三节　政治经济学理论

一、马克思政治经济学中的价值主体思想

马克思理论的核心价值诉求是将现实的人从资本主义的抽象统治和剥削中解放出来，自然，对于经济行为主体和价值主体的关注就成为马克思主义政治经济学视域下的核心理论范畴。在《资本论》中，马克思将经济生活领域的行为主体分为两种：其一是“现实中”的个人；其二是“经济范畴人格化”的个人。在马克思看来，第一个范畴下的个人在经济理性的统摄下具有显著的自私自利特征。他一方面能够在自我欲望的驱使下进行与之相关的经济活动，以促使社会关系的改变，另一方面能在其所处的社会关系的约束下，通过自身的经济行为选择来满足其自我利益需求。而“经济范畴人格化”的个人则是属于特定的阶级关系的利益承担者，这一范畴既可以指称作为单一个体的个人，同时也可以指称以

“阶级”为表征的个体集合。个人是存在于某种社会关系中以自利性为基础的利益群体，而阶级则是在阶级社会中受特定阶级关系制约的“整体集合”。对于这一点，有一部分学者从马克思主义政治经济学的基本原则出发，试图将特定社会的经济主体范畴规定为“整体阵营”，并且认为这种整体阵营应该超越单一的个人和纯粹的阶级，却在一定程度上忽视了马克思所说的“现实中的个人”这一历史范畴。①

西方马克思主义理论界曾有一种看法，认为马克思的学说有一个理论缺陷，也就是所谓的“人学空场”。事实上这是一个误解，或者说是偏见。从马克思的政治经济学来看，它虽然产生的社会基础是资本主义社会，但是其理论价值诉求却是解放受制于资本和资本主义生产体制统治的工人阶级，在深层的意义上内含着鲜明的人文关怀。可以说，解放全人类，尤其是为无产阶级谋利益是马克思政治经济学的根本的价值取向。马克思政治经济学的直接目的是揭示资本主义社会经济运行规律，但却站在无产阶级的价值立场之上。在资本主义社会中，工人阶级在本质上与生产资料没有任何区别，只是资本家在看似合理的形式下用以榨取剩余价值的“会说话的工具”，其劳动所创造的价值与实际所获得的报酬完全不能匹配。更为讽刺的是，人自身的价值和人与人的关系彻底被其所创造出的物的价值和物的关系所掩盖。为了破除这种悖论，马克思从《1844 年经济学哲学手稿》的异化劳动出发，以现实的“从事实际活动的人”为逻辑起点，深入到资本主义生产方式和运行规律的具体研究中去，进而揭示了使资本得以成为资本的形式规定，为破除资本对人的异化统治开辟了理论道路。所以说，马克思的理论，尤其是政治经济学没有所谓的人学空场，相反，它的终极价值关怀在于人，是一个以人为逻辑起点和价值落脚点的学说。这也是马克思的政治经济学区别于古典政治经济学的一个显著特征。

二、马克思政治经济学的供需平衡理论

对于经济学中的“供给与需求结构”这一问题，马克思在研究社会再生产时指出，生产过程的有序进行并不是生产领域和消费领域实现买和卖的数量上的相应或对应，而是必须按照一定数量关系和比例进行合理配置或协调。在《资本论》中，马克思从社会经济运行的宏观视角深入考察资本主义经济运行规律后指出，社会总产品从其用途的区分来看可总体分为两大形态，即生产资料和消费资料。在此基础上，依据其在社会再生产中的用途分为两大部类。在马克思看来，

① 马克思．资本论（第 1 卷）［M］．北京：人民出版社，2004.

只有不同类型的社会劳动在生产过程中合理的进行配置，才能达到两大部类间的供需平衡；只有各个生产部门之间及其内部实现供需产品的相互满足，社会再生产才能进一步推进。也就是说，社会经济有序运行的前提是两大部类内部和两大部类之间的有效供需在总量和结构上达到一个大致的平衡状态，这种平衡状态也就是经济学领域所致力于追求的资源合理配置。一旦这种平衡状态由于某一个环节的缺失被打破，那么在生产和消费领域就会造成不必要的资源浪费，社会再生产就难以进行，严重的情况会影响到整个社会生产体系的有序运行。

在上述分析的基础上，马克思引入了经济学中的“供需”概念，将“供给”与“需求”应用到对两大部类平衡公式的界定中。马克思认为，如果第Ⅱ部类的生产需求不能得到第Ⅰ部类的生产供给，或者第Ⅰ部类的消费需求不能得到第Ⅱ部类的生产供给。那么从社会经济的总体来看，社会总产品的供需失衡现象就会出现，社会扩大再生产就难以进行。所以，只有让社会总产品在两大部类中维持一个较为合适的比例，实现生产资料和消费资料的总量平衡，才能够维持社会扩大再生产有序进行。马克思政治经济学提出的供需平衡理论其内涵主要包括“总量平衡”和“结构平衡”两大层面，具体到经济社会的运行过程，主要体现在以下两种情况：一是当社会经济发展初期，生产力和消费能力都不发达时，这种情况影响产品供需平衡的主要方面在需求侧，所以保障经济稳定发展的主要因素在于生产总量；二是随着社会经济的发展，生产力和消费能力都达到一个更高的阶段时，属于供给侧的生产一方在经济稳定中的重要性开始增强，这种时候结构性平衡问题就成为保障供需稳定的主要因素。

事实上，我国改革开放以来的经济社会发展所呈现出的不同阶段恰恰印证了马克思的这一理论。从当前学术界现有的讨论成果来看，改革开放至今，从供需矛盾的视角来划分我国经济社会的发展阶段，大致可为三个时期：一是改革开放初期到 20 世纪 90 年代中期，受各种历史因素的影响，导致当时无论是供给侧的生产还是需求侧的消费都严重不足；二是 20 世纪 90 年代中期到 2000 年左右，我国经济面临的主要是外需不足，内需乏力，经济增长主要依靠“三驾马车”（投资、消费、出口）实现驱动；三是 21 世纪初至 2015 年左右，经过一段时间的沉淀积累，我国的生产力水平显著提升，人民的生活不断富裕，消费能力显著提升，但是出现了供给侧的生产总量过剩和有效供给不足，以及需求侧的内需不足和需求外溢的双重矛盾，这双重矛盾在本质上都是结构性矛盾。而在这两大结构性矛盾中间，处于供给侧的结构性矛盾是最为主要的。所以，我国原有生产体系的供给已经无法满足现有的更高层次的需求，经济增长的引擎必须实现更新换代，由过去的“三驾马车”优化升级为“制度变革、结构优化和要素升级”，以此为动力促成供给与需求两侧的结构性平衡。

根据马克思主义的唯物辩证法，经济发展所面临的供给侧与需求侧的矛盾是一种最常见的主要矛盾，二者从根本上来说不是对立的，而是能够相互贯通和转化的。

三、马克思政治经济学的生产理论

马克思政治经济学的生产理论至少在以下两个方面为其提供了创新的思想材料：一是马克思主义政治经济学的生产要素理论；二是马克思在《资本论》中提出的自然生产力理论。

就第一个方面而言：在马克思的政治经济学看来，生产得以进行的前提是具备相关的生产要素。而在生产要素方面，过去的研究多局限于劳动力层面，而在很大程度上忽视了“自然资源”这一基础的劳动改造对象。马克思的政治经济学将自然资源这一生产要素视作是经济生产得以开展的物质前提，在根本意义上它是生产过程中不可或缺的要素。他指出：“生产实际上有它的条件和前提，这些条件和前提构成生产的要素，这些要素最初可能表现为自然发生的东西。”这段论述中暗含了马克思对于“自然资源”这一生产要素的重视。

这一论述在更深层次上揭示出生态环境的不可替代性，但是这种非替代性是隐秘的，因为它在某种程度上的缺失并不会直接造成生产过程的中断，对于这种负面因素的展现往往需要较长的一段时间。这也是为何在这之前，尤其是在经典教科书的政治经济学体系中始终缺乏对“生态环境”的重视，没有将“生态环境”纳入经济学范畴的部分原因。但是，从生态环境对于我国当前经济社会发展的倒闭态势来看，将“生态环境”作为一种重要的生产要素，甚至是一种全新的生产力形态纳入中国特色社会主义政治经济学范畴已是一种必然选择。

就第二个方面而言：马克思在《资本论》中提出自然生产力的思想。从以往关于马克思经典生产力理论的研究来看，多数学者将马克思对于生产力的界定解读为“社会生产力”，而忽视了马克思所说的“自然生产力”。从当前来看，这种理解既不符合马克思著作的本真意含，也无法解释生产力发展的一般规律。随着人类社会的进一步发展，学术界对于生产力内涵和外延的理解已经不同于以往，通过重读马克思的经典文本，马克思关于生产力的界定除了社会生产力这一人们所熟知的最普遍含义，还有一个重要层面的含义就是“自然生产力”。马克思在《资本论》中指出，“劳动生产力是由多种情况决定的，其中包括工人的平均熟练程度，科学的发展水平和它在工艺上应用的程度，生产过程的社会结合，生产资料的规模和效能，以及自然条件”。这里所提到的“自然条件”指的就是与自然生产力相关的内容。并且，学术界还有一种观点佐证了这一看法。比如，生态哲学领域的著名学者钱俊生和余谋昌就指出，“生态生产力类似于马克思所说的‘自然生产力’，是指生态系统自身物质和能量的变换力和循环力”。虽然这种看法将生态生产力的内涵和外延在一定程度上简单化了，但是也表明当前所提出的发展生态生产力是可以追溯到马克思政治经济学的生产力理论的。

四、马克思历史唯物主义的方法论

马克思主义是科学的世界观和方法论的统一。那么，如何理解这句话的两个层面？笔者看来，对于这句话的两个层面的理解就应该像这句话所指出的那样，必须在二者统一的前提下进行。科学的世界观事实上指的就是唯物史观，而科学的方法论就是我们经常所提到的唯物辩证法。马克思和恩格斯二人始终将历史唯物主义的方法论看作是马克思主义新哲学体系的灵魂，更是贯穿马克思政治经济学研究的重要方法。唯物主义辩证法的思想事实上来源于哲学大师黑格尔的唯心主义哲学，马克思通过将黑格尔以“思想的自我运动”为特征的唯心辩证法进行倒置，深刻地指出“观念的东西不仅是移入人的头脑并在人的头脑中改造过的物质的东西。”将从观念出发来解释实践的阐释路径转变为从实践出发来解释观念，从而实现了对唯心辩证法的唯物主义化，确立了作为科学方法论原则的唯物辩证法。与此同时，恩格斯也始终强调唯物辩证法对于政治经济学研究的重大意义。尤其是在其晚年阐释历史唯物主义基本原则的相关书信中，贯穿其中的一条主线就是唯物辩证法。在1890年致康拉德·施米特的信中，恩格斯强调唯物史观“是进行研究工作的指南，并不是按照黑格尔学派的方式构造体系的杠杆。”如果不这样做，而将其以现成的公式来对待，以此来分析历史事实，那么唯物史观只会成为自己的对立物。在1891年致考茨基的信中，恩格斯在最后一部分再次指出，这些对历史唯物主义机械化和庸俗化理解的理论共性就是因为他们缺少辩证法的思维方式，在分析历史运动时总是以一种形而上学的两极对立来进行，他们从来看不到“整个伟大的发展过程是在相互作用的形式中进行的（虽然相互作用的力量很不对等……），这里没有什么是绝对的，一切都是相对的。”正是由于这些理论家缺乏唯物辩证法的思维方式，所以也就无法理解唯物史观中经济基础与上层建筑的基本矛盾运动。我们应始终明确的一个原则就是：唯物史观只是进行历史研究的方法，而非现成的结论。恩格斯的这些论述从根本上回答了唯物史观的基本原则和研究历史的科学方法，补充了历史唯物主义的形成前期所忽视的地方，也进一步阐明了唯物史观的方法论意义。所以，普列汉诺夫深刻地指出："马克思和恩格斯在唯物主义方面的最伟大的功绩之一，就是他们制定了正确的方法。"

第四章 “兰格模式”与“锡克模式”

回顾20世纪30年代初至90年代初的整个东欧社会主义国家以及苏联的社会主义建设过程的历史可以看出，市场社会主义流派经历了从无到有且不断变化发展的艰难探索。从波兰兴起的“兰格模式”开始，越来越多的东欧国家在进行社会主义经济建设的历程中逐渐形成了各具特色和风格的理论模式，捷克斯洛伐克社会主义共和国就是其中之一，与之代表的“锡克模式”也正是在总结了“兰格模式”以外的其他市场社会主义理论模式的基础上，在20世纪60年代形成的一种别具一格的经济理论模式。从历史发展的角度来看，“锡克模式”与“兰格模式”有许多相似之处，也有很多不同之处，而且通过对比分析两种模式之间的异同后发现，“锡克模式”在一些方面甚至超越了“兰格模式”，更加透彻和完善的对社会主义计划与市场相结合的理论进行再研究与再探索，对“兰格模式”的局限与不足方面有一定的改进和补充，更进一步地丰富和充实了市场社会主义流派的整体脉络和重要内容。

第一节 “兰格模式”市场社会主义理论

在社会主义经济理论的发展史上，波兰经济学家奥斯卡·兰格（Oskar Lange）提出将社会主义的中央计划与市场机制相结合，主张用“试错法”来实现社会主义经济的市场均衡，是一种用计划模拟市场的经济运行模式，著名的“兰格模式”从此诞生，既不同于马克思曾经设想的完全取消市场机制、实行没有商品货币的产品经济思想，也有别于苏联高度集中的指令性计划模式，为其他国家在探索社会主义经济建设的过程中提供了一种新的道路选择和发展方向，逐渐形成和发展了独特的市场社会主义流派，丰富了西方马克思主义思潮的理论宝库，具有非常重要的借鉴意义。①

一、以社会主义生产资料公有制为基础的发展模式

“兰格模式”的基本特征之一就是主张实行生产资料公有制，又保留小私有制的工业和农业的存在形式。在社会主义制度下是否可以实现社会资源的有效配置问题，当时的学术界一直存在许多争议，兰格将市场机制引入社会主义经济当中的大胆尝试和突破，对那些反对市场社会主义的学派予以反击，有力地驳斥了米塞斯、哈耶克等否定社会主义经济制度的观点，并用独特的“试错法”验证了社会主义制度下的中央计划与市场机制可以实现有效结合的可行性。

俄国十月社会主义革命的胜利和世界上第一个社会主义国家（苏维埃社会主义共和国）的诞生，引发了许多人开始对社会主义经济制度的可行性问题的广泛关注和思考。以米塞斯、哈耶克等为代表的“新奥地利学派”对社会主义经济制度的合理核算问题提出了质疑并认为社会主义与市场是不能兼容的，也就是说，在社会主义制度中并不存在市场机制进行合理配置资源的方式。兰格作为最早提出市场社会主义理论的经济学家之一，在理论上论证了社会主义与市场相结合的可能性与合理性，认为市场社会主义基本的特征就是实行生产资料公有制以及把市场机制作为资源配置的手段，形成独特的“兰格模式”，而且将其可行性和合理性的根本原因归为生产资料公有制的实施和反对生产资料私有制。社会主义在资源配置问题上的处理手段与资本主义纯粹的自由竞争的市场的资源配置方式是完全相同的，都是按照边际成本价格来决定生产的规模，按最低的成本价格来组合生产要素。市场机制并非只能存在于资本主义制度中，而不能存在于社会主义制度中，因为它是可以同所有制相分离的一种中性的资源配置的手段。

二、社会主义中央计划模拟竞争市场的经济模式

兰格认为，在社会主义条件下，竞争的市场和中央计划在资源配置方面可以实现相互补充的有机结合，由中央计划部门来行使市场的部分功能，模拟出一个自由竞争的市场。在这种寻找均衡价格的过程中，经济核算的“试错法”就发挥了很大作用。中央计划部门不需要通过大量公式计算出一个合理的价格

---

① 周立群．社会主义经济机制的选择和经济运行——兰格模式、布鲁斯模式、锡克模式的比较与启示［J］．南开经济研究，1987（1）：5.

体系来预判市场价格是否符合市场的供求均衡，也不需要拟定符合生产规律的政策来规划生产规模和生产质量，而是通过计划价格的不断调整，尽量反映出客观经济过程的要求。这种计划的价格并不是随意制定的，也不是固定不变的，通过商品在市场上的供给情况而进行价格的不断调整的目的就是找到一种符合社会供给与需求之间动态均衡的价格体系，从而实现社会主义条件下合理的经济核算问题。

兰格提出的这种由中央计划局规定市场价格，并不断根据实际经济情况进行调整的均衡价格体系，在理论上有重要的创新突破和参考价值，为后来的社会主义国家进行市场社会主义的探索提供了宝贵的思想启发和经验借鉴。但这种均衡价格体系的建立在实践上却不太现实，操作过程非常烦琐。在“兰格模式”中，所有商品和生产资料都由中央计划局来制定的这一做法本身就很不现实，因为市场上的商品各式各样、品类繁多，光是统计这些商品的具体供求情况就是一项非常耗时耗力的工作，而消费者对不同商品的购买需求和消费能力又是不断变化的，更加难以达到兰格所谓的根据商品的实际供求情况来不断调整市场价格，一旦中央计划局制定的价格偏高或偏低导致不符合商品的供求平衡，再去做调整的可操作性和调整后价格的合理性就处于一种既未知又不稳定的情况中。因此，所谓的均衡价格在实践中并不能实现。

三、按劳分配为主体与社会分红相结合的收入分配制度

兰格是坚定的马克思主义者，“兰格模式”的形成与马克思主义政治经济学理论的渊源很深，受马克思按劳分配思想的启发，兰格认为在社会主义制度下把市场机制作为合理配置社会资源的有效方式既遵循了按劳分配的原则，同时又能保证劳动力收入在分配过程中的公平性。具体来看，劳动者的劳动收入可以分成基本工资和社会分红两个部分，其中基本工资的确定取决于劳动市场的供求关系，也就是劳动者按照一定的社会必要劳动时间付出的劳动量来获取相应的工资收入，它能够反映出劳动的边际产值和劳动的边际负效用。当劳动者在劳动边际产值和劳动边际负效用越高的产业付出劳动时，所得到的工资就会越高，反之则拿到的是较低工资。因此，劳动者的工资收入与劳动者选择的就业岗位的性质和劳动过程的难度是成正比的。兰格认为，在社会主义社会中的劳动者之间的收入分配差异应当反映在劳动者的劳动贡献量和所耗费的劳动时间量上，而缩小这种收入分配的差别不能单纯地采取再分配的政策进行调节，而是应该加强对劳动者自身教育水平的提高和文化素养方面的培训，从而缩小因劳动者之间的文化、技

术、素质等方面的差异产生的在收入分配上的不平等现象，进一步改善和优化整体社会的劳动力素质结构，实现劳动力价值在数量和质量上的平均化，由此体现出收入分配制度的公平性与合理性。

与资本主义制度下的分配方式不同的是，社会主义生产资料公有制的性质决定了其分配方式应当遵循按劳分配的原则，而资本主义生产资料私有制下的收入分配方式不是为了让所有劳动者的劳动服务都得有所偿且人人平等，而是为了让资本家阶级获取更多的利润和额外的收益，不断扩充资本的积累量，从而将这些本应分配给劳动者的社会分红等福利性收入继续投入扩大再生产的过程中，并持续压榨工人阶级的剩余劳动力，由此实现资本积累的循环。由此可见，按劳分配的原则只能在社会主义制度下才能行得通，兰格在此基础上提出将社会分红与按劳分配原则相结合的收入分配制度，充分体现了社会主义制度的优越性和兼容性，证实了市场机制与按劳分配并不矛盾，二者是可以兼容并存的。综合来看，“兰格模式”市场社会主义理论的精髓在当时的时代背景和价值体系中已经实现了非常大的理论突破。

第二节　“锡克模式”市场社会主义理论

在市场社会主义理论的众多经济改革模式中，社会主义的计划与市场机制的结合一直是市场社会主义流派研究的重要主题，从“兰格模式”第一次引进“市场机制”的概念开始，后来的社会主义国家进行经济改革的重心就一直离不开市场机制对社会主义经济产生的作用上，“锡克模式”也不例外，而且锡克更加强调了市场机制的积极作用和重要地位，对传统社会主义经济体制的弊病和教条化的马克思主义经济学理论的观点进行了批判，明确指出资本主义制度下的市场经济体制是不符合未来社会发展要求的，而且也绝不会被苏联式僵化的指令性计划经济体制模式所替代。对于像捷克斯洛伐克等发达的工业化国家来说，既不能走资本主义的垄断化道路，也不能走苏联式的教条化道路，而是应该探索出集中央计划、市场社会主义和工人自主管理于一体的“第三条道路”。所谓的“第三条道路”，实际上体现的是社会主义经济中的市场机制、国民经济收入的宏观分配计划和独立自主性质的社会主义企业等方面的主要内容，而这些内容的设计和实施的过程也反映出了“锡克模式”独有的特征和本质。

一、社会主义经济中的市场机制

（一）生产和投资的信息化与利益化

锡克认为，在社会主义条件下，人们的劳动具有一般的直接劳动特性，而没有实现劳动的社会化，这是由于社会主义劳动信息问题导致的社会劳动与个人劳动之间的矛盾以及个别利益与社会利益之间的矛盾，这些矛盾决定了社会主义制度必须引进市场机制，因为社会主义的生产、交换、消费和分配环节都需要许多相关信息的搜集、整理、传递和执行等过程，这些纷繁复杂的社会信息是否处理得当关系着整个产业和企业的生产进程与结构优化。尤其是生产技术的改进和创新方面，更需要综合多方面的有效信息来促进生产的最优发展，这就需要在搜集和整理各式各样的社会信息的过程中，迅速且准确地筛选出最能够反映出生产效率、经营效益、消费需求、产品质量等有效信息来进一步提高企业的生产技术和商业价值。而处理好这些社会信息的最终目的是实现企业经济利益的最大化，赚取更多的商业利润，从而更好地进行企业内部的扩大再生产或其他企业的商业性投资。锡克着重从经济利益的角度去观察和分析社会主义与市场机制的关系问题，无论是企业家还是其他经济组织乃至劳动者个人，大多数人都是以直接的物质利益为目的而参与各种各样的经济活动。在这种物质利益的驱动下，人们更能被激发出生产与消费的热情和积极性。生产者为了追求更大的经济利益，而尽可能地降低企业的生产成本和减少劳动力的雇佣成本，而消费者更倾向于用较少的货币购买更大价值的或者更多数量的商品，双方的需求和目的都是以经济利益的最大化为直接导向。

由此可见，市场机制在“锡克模式”的设计中是非常重要的一个经济手段。传统的社会主义计划旧体制的最大特点在于中央行政的指令性计划过于简单化地理解经济活动的本质，导致行政管理手段过于集中化、统一化、教条化，忽略了经济关系如市场机制的调节作用，这是整个东欧社会主义国家受“苏联模式”影响下的通病，信息闭塞、技术落后、管理脱节、供求失衡等问题普遍存在，经济发展停滞不前。为了进一步改革僵化守旧的发展模式，必须要实现生产和投资范畴的信息化和利益化，必须要重视市场关系在处理经济问题时的关键作用，中央计划部门应该采取有效合理的政策，配合市场机制来共同解决各种类型的经济问题。只有利用好市场关系，社会主义企业才能更加快速地找到不适应当前社会生产力发展水平的生产关系的影响因素，并根据搜集整理后的社会信息及时作出调整以适应新的发展需求。在这个过程中，中央计划管理部门制定的经济政策必须要符合客观的经济规律，不能主观地更改商品的市场价格和消费品的分配比例，在重要部门、核心技术和关键领域需要发挥中央统一部署、全面协调管理的职能，避免企业内部出现扰乱市场秩序、私人占有社会资源等状况的出现。同时，国家要运用经济手段来实现宏观经济的计划目标，其中主要的手段就是规定企业收入的分配比例，各企业根据国家计划的主要比例进行合理的分配，并考虑是否有效地使用生产性基金，确保在收入分配过程中兼顾国家、集体和个人三者之间的利益。

（二）反对垄断利润的剥削

马克思和恩格斯在《资本论》中深刻揭示了资本主义制度下隐藏在利润产生背后的真实秘密，那就是剩余价值理论的发现。当资本主义发展到最高的阶段时，即垄断资本主义或帝国主义，就会占有全社会所有劳动者的生产资料和消费资料，并形成绝对的国家垄断地位统治整个产业和行业的经营规模和经营收益。而在垄断资本主义社会下的企业经营是不符合正常的自由竞争的市场规则的，当资本家阶级形成庞大的垄断性质的财团或集团时，获取的就不只是剩余价值产生的那部分利润了，而是整个行业的垄断利润。整个行业或整个产业的劳动者都会被无情地剥削自身的利益，这就严重破坏了自由竞争的市场机制，而且还会进一步引发大规模的经济危机，因为当国民收入分配极不平等和两极分化现象越发严重时，社会结构的稳定性基础就会受到冲击，民众的不满情绪会被迅速激化，导致企业停产、工人罢工等示威活动的增多，从而打破社会宏观经济与微观经济的基本平衡。

垄断价格与垄断利润，都属于垄断资本主义的基本经济范畴。马克思在《资本论》中对垄断价格的描述是基于他所处的自由竞争的资本主义时代为背景的，尽管马克思本人并没有亲身经历垄断资本主义或帝国主义的阶段，但是马克思在研究剩余价值理论的过程中已经预见性地对垄断资本主义产生的原因和结果作了判断。关于垄断价格的定义，马克思在系统阐述当超额利润转化为地租时所产生的各种类型的土地价格的垄断性质和土地所有者的垄断地位等内容中对垄断价格的一般含义作出表述，认为垄断价格一般是指那种只决定于购买者的购买欲和支付能力的价格，它既与一般生产价格所决定的价格无关，也与产品价值所决定的价格无关。

马克思的剩余价值论揭示的是资本主义制度下的资本家阶级对无产阶级劳动人民的剩余劳动无情剥削的实质。那么，以垄断价格为基础而形成的高额垄断利润，就带有更加明显的剥削性质。这种剥削不仅体现在无产阶级劳动者为资本家阶级创造的剩余价值上，还体现在垄断资本主义企业和垄断组织从整个行业和产业攫取的超额利润中。所谓垄断利润，一般是指垄断资本家凭借在生产领域和流通领域中的垄断地位而获得的超过平均利润的高额利润。既然垄断组织是在资本主义社会下形成和发展的，那么在社会主义制度中是否就不存在带有垄断性质的企业呢？答案是否定的。因为马克思曾经说过，只要有资本集中的地方就会产生垄断现象。无论是在何种社会制度下，国民经济要发展就离不开资本这一重要的生产要素，而当企业的生产资本不断积累并形成质变时，垄断企业和组织就会出现，垄断价格和垄断利润就会对自由竞争的市场环境造成影响，但这并不违背客观的价值规律，因此垄断现象的发生就具有一定的客观性和必然性。锡克指出，在社会主义生产性和服务性行业中，必须要克服消极垄断的倾向，在面向消费者时必须要加强企业之间的市场竞争。在“锡克模式”中，为了抑制垄断利润的剥削，锡克指出社会主义企业要加强自主管理的权利和独立性，在生产部门、服务行业和商业企业内部展开正常的竞争活动，加强发挥市场机制的积极作用，通过科技创新的手段提高产品的质量，加快从中央计划管理经济的手段过渡到彻底的经济手段进行管理的步伐，只有这样，才能对已经出现的垄断组织采取的垄断行为进行及时止损和彻底整改，对还未出现却想通过垄断手段破坏市场秩序的企业部门或带有行政性支持因素的垄断意图的经济行为进行严厉打压。

（三）制定自由竞争的价格

一个正常的、良性的、健康的市场环境，是应该允许且必须存在自由竞争的市场价格形式的，这个市场价格的制定应当遵循客观的市场经济规律，而不能主观地由国家手段进行随机调整。当然，在社会主义社会下的市场价格体系还是需要中央计划手段进行合理的制定，这是由社会主义生产资料公有制的性质所决定的，因为一旦完全任由竞争市场单方面来决定价格，就会容易产生全社会的生产供给与消费需求之间的不平衡关系，从而导致市场作用上的失灵。但是，在社会主义社会中制定像资本主义制度下的自由竞争的价格缺乏一定的客观条件，与社会主义价格形成的特点有直接的联系。

马克思主义政治经济学规定了价格与价值的定义以及二者之间的关系，这一点是被学术界普遍认同的，即价值是凝结在商品中无差别的人类劳动，价格是价值的货币表现形式，价值决定价格，价格围绕价值上下波动。锡克在此基础上提出了社会主义价格的基本结构问题。他认为，社会主义价格的形成有两种基本的结构：一种是产品在社会主义企业内部出售的价格，另一种是商业企业把产品卖给居民的价格。第一种价格实际上就是企业之间的批发性价格，而第二种价格则是市场上的销售价格。这两种在社会主义条件下存在的基本的价格结构与资本主义所谓的生产价格是有所区别的，资本主义制度下存在作为生产价格的价格，这种生产价格中剩余产品的价值只能按照生产基金的价值进行分配，而不会同工资基金的价值保持比例。锡克认为这种生产价格的形成是不符合马克思的观点的，是由私人资本发展的必要性造成的，而且容易出现垄断价格的范畴。当垄断资本依靠垄断价格将自己生产中形成的全部剩余价值和别的私人企业的剩余价值都占为己有时，牺牲掉的就是那些非垄断性质的私人企业的经济利益。而在社会主义制度下，谈不上私人资本主义财产的增殖情况，利润份额也不可能在竞争范围内形成体现资本价值形成的量。这与社会主义的计划性体制有关，社会主义社会下有计划的发展进程必须保证社会主义企业的最大利益，尽可能地降低再生产的费用，从而更好地促进生产资料和消费资料按主要比例进行分配。

综合来看，社会主义制度下的价格实质上依旧是价值的表现形式，而社会主义企业之间的交换关系实质上是市场关系。这就要求企业本身要对市场价格的变动有灵敏的观察能力和反应能力，因为中央计划局不大可能根据市场需求的变化及时地调整出合理的市场价格，这需要非常复杂的经济核算和数据统计。中央计划局只能是根据大致的市场情况和历史数据来作出大体上能够适应变化的价格调整，但是这个过程相当耗时耗力，等到制定出新的市场价格时，社会的供给和需求又会产生新的变动。因此，只有生产企业和商业企业能够及时地发觉市场上的细微变动而灵活地制定调整方案，使市场价格始终保持在一种自由竞争的水平上，并主动适应社会供求平衡的结构，才能达到最佳的生产效益和消费水平。

二、国民经济的宏观分配计划

尽管市场机制的积极作用有很多，在各个方面的经济表现都十分有效，但是单单依靠市场机制并不能完全保证社会生产发展的社会主义方向。锡克指出传统的政治经济学理论靠取消市场机制、以指令性计划解决宏观不平衡以及经济危机的问题观点的逻辑错误在于没有真正了解资本主义经济危机产生的根本原因，即资本主义生产力与生产关系之间的矛盾日益激化而引发周期性生产过剩的结果。同时，没有从国民收入的宏观分配计划的角度解决问题，而是偏激地采取取消市场机制的办法，这种做法不但不能实现宏观经济的平衡，而且还会对微观经济的平衡造成严重的影响。因此，锡克提出了一种新的“宏观经济分配计划”来应对市场机制无法控制的经济状况，或者在市场机制能对经济发展进程中造成严重干扰作用的地方实行这种国民经济的宏观分配计划，从而促使宏观经济与微观经济的动态平衡，避免发生类似资本主义的经济危机。

（一）宏观平衡与微观平衡的区别

经济利益的驱动一直是“锡克模式”中研究市场机制的中心话题，无论是在资本主义社会还是在社会主义社会，生产者和投资者的直接目的都是赚取更多的经济利益，但与资本主义企业不同的是，当社会主义企业自身的利益同社会利益发生矛盾时，只有通过市场机制才能起到重要的调节作用，从而克服这种不同利益之间的冲突。锡克充分肯定市场机制在社会主义计划经济体制中的积极作用的同时也指出了市场本身的局限性，他认为市场机制的作用不是万能的，竞争的市场并不能有效地解决社会主义制度下所有的经济问题，这与经济发展中出现的宏观层面和微观层面的经济活动不平衡有关。微观层面上的不平衡恰恰是由于社会的需求结构发生变化而产生的，因而能够在市场上很快得到相关信息的反馈，从而可以利用市场机制的作用及时进行调节，逐渐克服这种不平衡。

事实上，资本主义制度下的剥削性质决定了其收入分配方式必然会产生不平等的现象，这种收入分配的不平等又决定了社会生产和消费之间存在对抗性的矛盾，而这种矛盾并不能通过社会自觉来加以调节，最终只能引发经济危机而强制促使社会生产的两大部类之间重新恢复到平衡的状态。那么，在社会主义制度下，由于受严重而僵化的教条主义影响，包括苏联和东欧社会主义国家在内的教条主义者认为，只有通过在全社会范围内实施高度集中的指令性计划体制来替代市场的作用才能克服社会生产出现的无政府状态和解决宏观结构不平衡的问题。这种做法显然对市场机制作用的认识不足，因为市场机制本身就是一种自然产生的控制体系，生产结构在市场的控制体系下比在指令性计划的体系中更能灵活地与需求结构相适应。因此，锡克坚定地认为只有实施国民经济的宏观分配计划，才能解决宏观经济活动的不平衡问题，这种宏观分配计划的经济思想正是“锡克模式”市场社会主义理论的重要构成部分。

（二）生产的可靠性预测

锡克在分析社会主义分配理论时指出，产品的相对稀缺是导致分配环节出现问题的首要因素。人类对资源的需要，归结起来不仅包含了不受经济制约的需要，还包含了受到经济制约的需要。社会主义社会中的各个阶层之间存在不同形式的利益矛盾，在经济领域就表现为生产者和消费者之间的经济利益的矛盾，这种经济利益是驱使人们获取更多稀缺产品、满足自身需要的直接方式，也是促使现行的经济制度得以延续发展的重要基础。在“锡克模式”中关于社会主义分配理论的核心内容就是围绕经济利益的分配而展开研究的。

要解决生产资料的分配受经济利益的驱动而产生矛盾的问题，就必须从生产的环节入手。在企业进行产品规模化生产之前，可以适当地拟定一个整体的生产计划，对即将投放到市场上的产品提前作出一个可靠性的预测目标，即对产品的社会需求、使用范围、市场价格、售后服务、利润效益等多方面的综合考量都要有一个预期的目标区间，在这个区间内合理规划具体的生产的流程，才能在一定程度上尽可能地保证生产商品的供给和需求结构不会出现严重的失衡。锡克明确提出，宏观分配计划的主要任务之一就是必须要预测出生产的增长速率和效益，由此可以计算出需要增加多少投资和劳动力，并据此可以推算出提高生产率的可能性，从而可以大致预测出企业利润。同时，生产部门还需要根据民众反馈的心理预期和需求目标等信息，以及生产和投资之间的客观比例，决定产品在使用方面的各项占比，即多少用于补偿性投资，多少用于扩大再生产，多少用于个人消费，多少用于社会消费等。通过生产预测和产品使用的双重角度能够更加准确地提高宏观分配计划方案的合理性和有效性，对生产资料和消费资料的分配过程添加了一层保障，避免社会生产两大部类之间的结构失衡。当然，这种生产的可靠性预测不仅要求企业自身对市场信息的变动有灵敏的察觉和反应，能够根据实际经济运行状况及时作出调整，而且还要求企业的经济决策和改革措施要保持社会主义方向，切实配合好国家行政部门的计划体制，避免企业工人自治管理上出现私有化和绝对化倾向，充分发挥市场机制的协调作用。

（三）分配的约束性计划

社会的生产、交换、分配和消费环节贯穿于整个经济发展的过程，而分配的环节同社会的分工又是紧密联系在一起的，无论是生产资料分配还是消费资料分配的过程，都体现了各种社会必要劳动的分工形式和内容。

从生产资料的分配来看，又可以细分为工业生产资料的分配和农业生产资料的分配。所谓的工业生产资料分配，是随着社会历史的进程和工业文明的进步不断变化的。在原始社会时期，整个社会协作内部通过日益专门的劳动生产出来的生产资料有两种特性：一是当工业生产资料被生产出来之后就能相对地不依赖于它的自然环境而存在，并且能够为之后的农业生产资料的生产与发展起到一定作用；二是这种工业生产资料不仅为自己的部门而生产，而且为在其他生产部门的使用而生产。随着手工业者的技巧和经验逐渐成熟，生产资料的生产发展也越发独立化，私人生产开始出现，手工业者可以获得更多的生产资料和消费资料，可以得到比公社分配体系的分配份额更多的部分，私人手工业的商品生产就此产生，而同这种特殊的生产资料的生产过程一起产生的特殊的分工和生产资料的分配也逐步发展起来了。这种以手工业生产为基础的分配方式的特点与资本主义社会里工业生产资料的分配相一致，都是通过商品的交换而实现的。所谓的农业生产资料分配，最大的特点就是还不能与自己的自然条件相分离。因此，通过分析生产资料分配的历史特点和质的变化可知，生产技术的发展、生产资料的性质以及在生产应用中的变化过程是非常关键的决定因素。

从消费资料的分配来看，这是人类社会不断发展而产生的必要的经济活动，消费资料的分配形成了每个人或者一定的社会集团占有社会消费基金的份额，人只有消费必要的生活资料才能得以生存。但是，在获取生活资料或消费资料而付出的精力、智力、财力等方面的手段和方式，会随着社会发展的不同阶段逐渐发生异化。在资本主义社会的发展历程中，这种阶级之间的压榨、剥削和奴役关系一直存在，体现在资本家阶级和工人劳动阶级之间的消费资料分配结果上就是资本家阶级的消费资料出现大量剩余，而工人劳动阶级可分配的消费资料寥寥无几。然而，社会主义制度下的教条主义者们试图利用强制性的政治手段任意操控生产资料和消费资料的分配过程和规则，这不但没有解决这种阶级之间不可调和的矛盾，反而加速了大量失业、生产过剩、供求失衡等经济紊乱的现象。

第三节 “锡克模式”与“兰格模式”的比较分析

回顾20世纪30年代初至90年代初整个东欧社会主义国家以及苏联的社会主义建设过程的历史，可以看到，市场社会主义流派经历了从无到有且不断变化发展的艰难探索。从波兰兴起的“兰格模式”开始，越来越多的东欧国家在进行社会主义经济建设的历程中逐渐形成了各具特色和风格的理论模式，捷克斯洛伐克社会主义共和国就是其中之一，与之代表的“锡克模式”也正是在总结了“兰格模式”以来的其他市场社会主义理论模式的基础上，在20世纪60年代形成的一种别具一格的经济理论模式。从历史发展的角度来看，“锡克模式”与“兰格模式”有许多相似之处，也有很多不同之处，通过对比分析两种模式之间的异同后发现，“锡克模式”在一些方面甚至超越了“兰格模式”，更加透彻和完善的对社会主义计划与市场相结合的理论进行再研究与再探索，对“兰格模式”的局限与不足有一定的改进和补充，更进一步地丰富和充实了市场社会主义流派的整体脉络和重要内容。

一、“锡克模式”与“兰格模式”的共性

在市场社会主义流派的众多理论模式中，“锡克模式”与“兰格模式”之间存在许多相同之处。这两种模式都是对社会主义计划与市场相结合进行大胆探索的历史成果，都是以公有制为前提的市场社会主义经济理论模式，目的都是实现社会主义制度下资源的有效配置，改革的具体措施都涉及市场机制的作用问题。从一定意义上来看，“锡克模式”是在继承“兰格模式”的优势基础上形成与发展的，既充分肯定了“兰格模式”的积极作用，也继承了在社会主义计划体制下发展市场机制的思想。

（一）以公有制为前提的市场社会主义经济模式

社会主义生产资料公有制的根本性质决定了社会主义国家制定经济政策和发展蓝图的整体方向和最终目标，脱离了公有制的前提条件和根本属性，社会主义建设就会出现断层和脱轨，经济发展将会失去主旋律和指挥棒。因此，无论是捷克斯洛伐克还是波兰，在进行市场社会主义探索的过程中都要紧紧抓住公有制的本质特征，只有在坚持社会主义公有制的前提下才能更好地引入市场机制并充分发挥其积极作用。

从理论背景和思想渊源的角度来看，奥塔·锡克和奥斯卡·兰格都是坚定的马克思主义者，“锡克模式”与“兰格模式”都是在受到马克思主义理论的思想熏陶下，继承与发展了马克思主义政治经济学理论和各种西方经济学流派的先进思想和观点，进而分别在捷克斯洛伐克和波兰建设社会主义的过程中不断探索出的经济理论成果。从两种模式的主要内容来看，都强调了市场机制在社会主义计划体制中可以起到调节经济增长活动和促进资源有效配置的作用，尤其是“兰格模式”在社会主义经济可行性大论战中开创性地提出了“经济核算的试错法”后，打破了“新奥地利学派”坚持的社会主义与市场经济不能结合的传统经济理论观点和思想认识盲区，开辟出一条全新的市场社会主义发展道路，对其他社会主义国家进行经济重建和创新发展提供了非常重要的参照价值和研究方向。“锡克模式”在此基础上更加强化了市场机制的作用，并且将经济核算中的价格问题更加细化和规范。从模式设计的初衷和目标来看，“锡克模式”与“兰格模式”也非常相似，二者都是为了突破苏联僵化模式的发展困境和恢复社会经济的健康发展而设计的符合本国实际情况的经济理论模式。由于第二次世界大战后国际局势的复杂变化，两极格局下的东欧国家长期受到了苏联政府的政治打压和经济管制，被迫照搬苏联模式的教条主义，导致波兰和捷克斯洛伐克都在不同程度

上受到了严重的经济损失，兰格和锡克都是基于这种扭转国家经济形势的急迫心切，分别设计出了各具本国特色的“兰格模式”和“锡克模式”市场社会主义理论，为国际共产主义运动和伟大事业都贡献出了相当重要的科学力量。

事实上，捷克斯洛伐克在第二次世界大战前就是高度发达的资本主义国家，工业发展水平位居世界前列，而且军事工业化的实力也是不容小觑的，如果不是第二次世界大战结束后受到苏联社会主义阵营的军事控制和集权管理，捷克斯洛伐克应该会继续走资本主义的发展道路。但是历史事实无法改变，自从被迫照搬苏联模式的捷克斯洛伐克开始转型成为社会主义国家之后，便遭受了过渡时期的艰难阵痛和种种不适。相对于波兰来说，这个国家经历过多次的被殖民侵略和领土分裂，直到苏联在第二次世界大战期间击败了波兰境内的德军并占领了整个波兰之后，波兰人民共和国于 1952 年正式宣布成立，由此走上了建设社会主义的道路。尽管捷克斯洛伐克和波兰走上社会主义的起点不同，但是二者成为社会主义国家的转折点都是在第二次世界大战以后苏联红军获得了胜利，而且都是在斯大林主义的苏联模式下不断形成和发展的。因此，锡克和兰格在研究和设计本国的市场社会主义理论模式的过程都是围绕社会主义生产资料公有制的基本前提而展开的，这也是整个苏联和东欧社会主义国家进行市场社会主义经济建设和改革的共同前提。

（二）为了实现社会主义制度下资源的有效配置

在社会经济的发展进程中，资源的配置是否合理有效关系着整个经济过程的增长效率和发展质量。无论是“兰格模式”还是“锡克模式”，乃至其他市场社会主义理论模式，其实都是主张应该运用经济管理，而不是政治管理的手段来调整和解决社会经济中出现的问题，最终目的都是实现社会主义制度下资源的有效配置，而具体的方案设计和改革构思则因人而异，也因不同国家的实际情况而异。毫无疑问，“锡克模式”与“兰格模式”市场社会主义理论在实现社会资源有效配置的问题上是目标一致的，而且锡克和兰格都是在坚持马克思主义政治经济学理论的基础上提出具体的实现形式和执行措施的，他们都反对资本主义生产资料私有制所决定的分配方式，认为这种分配方式不仅会直接导致居民收入分配的不平等和消费产品的分配不合理，还会引起商品供不应求或者供过于求的社会总供给与总需求之间的不平衡。

从“兰格模式”市场社会主义理论来看，在兰格提出的著名的“经济核算试错法”中，他的直接目的是“模拟”出一套均衡的市场价格符合实际经济情况下的供求关系变动，这个均衡价格的拟定实质上是为了生产的商品在进入销售和分配的环节中能够起到有效的调节作用，也就是说，如果没有均衡价格的存在，单纯地由国家行政部门根据历史数据和经验来制定一套生产资料的价格体系，那么最终在商品的消费和分配环节上就会出现供求结构失衡的现象。对此，兰格主张要设立一个中央计划局来模拟出具有竞争性质的市场体系，在这个市场体系中，生产的商品可以满足劳动者和消费者的自由选择和个人偏好，让原本在社会主义社会中看似不可能存在的，与资本主义社会中存在的真正的生产资料市场，通过一定的经济手段也能达到与资本主义市场同样的自由竞争效果，而这个经济手段正是兰格所谓的“模拟市场”。①

从“锡克模式”市场社会主义理论来看，锡克提出的国民经济的“宏观收入分配计划”思想，突出强调的是市场机制在社会主义经济运行过程中起到的调节作用，传统的经济学观点不仅反对社会主义与市场经济相结合的可行性，而且还认为市场机制对社会主义制度的介入并不能实现市场社会主义流派所认为的均衡价格体系和社会资源的有效配置，这与传统的西方经济学理论的观点是相悖的，也是不切实际的。但是，锡克用事实反驳了这种传统经济学观点试图用微观经济的手段来解决宏观经济的问题上的认知误区，坚持认为市场机制不但可以引入社会主义的制度体系当中，还能解决资本主义制度中出现的负面经济效果。

由此可见，兰格和锡克在分别强调市场机制的作用问题时并不是单方面地考虑社会主义制度和市场机制是否能兼容的可能性，而是从微观经济与宏观经济的层面对社会主义经济发展的各个环节加以理论考证和综合探析，找到符合“兰格模式”和“锡克模式”市场社会主义基本特征的一系列理论依据，并结合波兰和捷克斯洛伐克建设社会主义经济事业的客观实际，设计出了不同于苏联模式的经济发展理论模式。

（三）改革措施的制定均涉及市场机制的作用问题

“兰格模式”市场社会主义理论是第一次把市场机制引入社会主义的计划体制中的伟大尝试，有力论证了社会主义市场经济的可行性问题，开辟出一条全新的研究方向和发展道路，是一次敢于突破苏联高度集权的计划经济模式的巨大进步。具体来看，“兰格模式”于20世纪30年代产生，对市场机制的作用范畴的研究主要体现在兰格假设的两套市场机制：一个是真正的市场，即消费品和劳动服务的自由竞争市场；另一个是模拟的市场，即由中央计划部门模拟的虚拟的生产资料市场。这两套市场机制的主要区别在于是否存在生产资料的市场，因为社会主义制度的根本属性决定了生产资料必须实行公有制，也就是必须由国家统一

① 葛婷婷．“兰格模式”市场社会主义理论研究［D］．长春：吉林大学，2020.

制定生产计划和分配原则，而且企业要根据中央计划局的两条基本规定行事，即以平均成本最小的要素组合进行生产和使边际成本等同于成本价格来决定生产规模的规定。兰格假设的由中央计划局模拟出一个虚拟的生产资料市场环境和竞争关系的目的就是打破苏联模式的那种高度集权的计划经济体制，用市场机制的途径和手段对生产资料的销售价格和供求关系进行规范的市场化管理，从而实现居民真正享有消费品的合理分配和劳动力的自由选择的权利，最终促进社会资源在市场机制的作用下实现有效配置的目标。在对生产资料的市场价格进行规定的过程中，会由于实际经济情况的变化产生影响，针对这种情况兰格也作出了应对方案，就是利用经济核算的“试错法”来克服这种情况，从而达到供求结构的动态平衡。

与“兰格模式”相同的是，“锡克模式”市场社会主义理论也是着重强调市场机制在社会主义计划体制下发挥积极作用的另一种全新的经济发展模式，在一些方面是对“兰格模式”的一种继承与发展。具体来看，锡克在深刻分析了第二次世界大战结束以来至20世纪60年代捷克斯洛伐克国内的经济状况之后，认为社会经济之所以会出现通货膨胀、贫富差距、失业剧增、供求失衡等现象都是由于社会各阶层之间的利益矛盾不断激化造成的。因此，锡克认为社会主义不能没有市场，市场不但能够存在于社会主义经济之中，而且还可以发挥不容小觑的积极作用。在“锡克模式”市场社会主义理论的整体规划和逻辑建构中，市场机制始终处于所有改革措施和解决方案的核心地位，无论是在经济发展过程中需要面对的各种信息搜集和整理问题，还是在宏观收入分配计划中的经济利益和社会分红问题，锡克一直都将市场机制视为最有效且最优化的经济手段之一，并从各种角度论证了实行市场机制的必要性和实现形式的重要性。

从整体来看，尽管“锡克模式”与“兰格模式”在具体的理论内容和解决方案上有各自不同的方面，但是这两种模式都是在一定程度上批判传统经济学观点所认为的社会主义经济不可能存在市场关系的最好例证，并且从不同的经济视角和社会层面充分论证了自由竞争的市场关系并非只能存在于资本主义社会当中，社会主义社会也有与之相适应的市场经济发展模式，而且这种市场社会主义理论模式能够更好地克服资本主义经济中出现的一些弊端，更有效地弥补市场失灵的情况，更全面地保障社会各阶层之间的根本利益。除此之外，“锡克模式”和“兰格模式”的思想精髓都是对马克思、恩格斯、列宁等伟大思想家相关理论的一种升华和发展，无论是“兰格模式”只停留在理论设想而没有付诸实践的层面，还是“锡克模式”将理论运用到了实践运动中，却惨遭苏军镇压而宣告失败，从社会主义经济思想发展史的历程来说，这两种市场社会主义理论模式都是无可厚非的思想进步和飞跃，都体现了社会主义经济中完全可以存在市场关系的可行性与合理性，具有非常重要的历史意义和时代价值。

二、“锡克模式”与“兰格模式”的不同

尽管在很多方面，“锡克模式”与“兰格模式”市场社会主义理论都有相似之处，但是从锡克和兰格对中央计划职能范畴的认识、市场价格形成的看法以及市场机制在资源配置中作用范畴的观点上来看，两种模式之间还是存在许多不同之处的。正是这些不同，才构筑了市场社会主义流派的多样性特征，也充实了整个市场社会主义理论模式的内容和结构，是对马克思主义政治经济学理论的不同解读和阐释，也是对国际社会主义思想历史的丰富与发展。

（一）中央计划职能范畴的认识不同

从历史事实和时代背景的角度看，“兰格模式”和“锡克模式”市场社会主义理论都是在社会主义生产资料公有制的前提下对市场机制进行研究的，两种模式都离不开中央计划体制的职能，因为在社会主义制度中不可能像资本主义制度那样完全依赖自由竞争的市场关系而忽略中央行政部门的必要职能，这是制度性质所决定的，而且在波兰和捷克斯洛伐克等大多数东欧社会主义国家都受到苏联模式影响的情况下，实行中央计划体制也是符合当时的时代趋势和发展要求的。但是，兰格和锡克在对中央计划部门应该履行的职能范畴上的认识并不一致。

“兰格模式”市场社会主义理论没有付诸实践的原因，除了受到当时的国内外局势和理论发展条件等客观因素的限制之外，其模式本身就存在较大的乌托邦性质和过度理想化的局限性。其中一点就是对中央计划职能的过度解读，以及未能完全脱离苏联式的计划经济体制的束缚，认为依靠中央计划局的设立就能解决市场价格和供求结构等方面的经济问题，而且对西方古典主义经济学理论的认识和理解还不够透彻，以至于兰格在研究均衡价格的过程中试图直接将“洛桑学派”的里昂·瓦尔拉斯（Léon Walras）的一般均衡“理论解”搬到现实的经济活动中，以代替由真正的竞争市场机制实现一般均衡的“现实解”。“新奥地利学派”的哈耶克就曾经公开指责了“兰格模式”的这一理论中存在的缺陷，认为兰格的这种纯理论性质的静态均衡设想与复杂的真实世界大相径庭，实施起来会无法避免地遇到许多难以克服的现实障碍和困境。

“锡克模式”市场社会主义理论突破了“兰格模式”的纯粹乌托邦性质，将社会主义的计划体制与市场关系相结合的理论运用到了具体的实践活动当中，这

是非常巨大的一次进步和超越。而“兰格模式”停留在理论层面并没有机会付诸实践，而且兰格提出的一系列改革理论都极具理想主义色彩，在当时根本没有实践的可能，其理论局限就非常难以克服。锡克在总结了“兰格模式”失败的经验教训后，对中央计划的职能范畴有了更加明确和细化的划分与理解，把研究的重心落在了市场机制本身以及社会主义企业的独立性管理方面，而且从国民经济的宏观分配计划视角全面地认识和解决经济改革进程中所遇到的难题。在“锡克模式”中，社会主义制度下的各类企业应当遵循“自主经营、自负盈亏”的基本营商理念，并且要时刻警惕“优胜劣汰”的自然规律。同时，为了克服部分企业可能会不择手段地追求经济利益而造成的工人劳动条件恶劣、生产效率不高、产品质量欠佳、工资分配不公等严重弊端，锡克还主张各种经营规模的企业都应该将“利润最佳化”原则取代传统的“利润最大化”原则，不把利润数额的大小当作衡量企业经营效益好坏的唯一指标。除此之外，锡克还预设了可能出现的负面情况：过度的企业自治以及盲目的市场竞争，极易导致消费的恶性膨胀，从而进一步扰乱社会经济的宏观平衡。因此，锡克设计了所谓的“宏观经济分配计划”，即制定宏观的国家经济发展目标，细化和规范企业员工的薪酬标准，明确税收、分红和企业投资在利润中所占的比例，确立国家在公共支出、基础设施建设、政策性补贴和重要能源部门的研发基金等方面的税收细则等。这一系列的具体措施和详细方案不仅能克服资本主义市场经济的弊端，而且还能消除传统社会主义计划经济与“工人自治”的管理模式所带来的问题，真正区分了中央计划与市场机制各自的职能范畴，并充分地将计划与市场的不同作用得以最佳发挥。

（二）市场价格形成的看法不同

“兰格模式”和“锡克模式”市场社会主义理论在系统论述市场机制的作用时，都是从价格的角度逐步深入，在具体制定社会主义计划经济体制下的市场价格时，又会不可避免地涉及社会主义的经济核算问题，即社会主义经济是否可以用广义的价格来进行具体的经济核算。因此，市场价格的形成机理与供求反应都是兰格和锡克分别对社会主义经济的可行性研究不可缺少的必要环节。尽管他们的目的都是让市场机制在社会主义的计划体制下更好地发挥正向作用，但是具体的方案制定与看法还是各有不同的。

首先，在社会主义社会中生产资料的市场价格形成的规定和过程上，兰格和锡克对此设计的方案是有所不同的。兰格认为，中央计划局可以模拟出一个市场，通过“试错法”进行反复、不断的经济核算就能规定出一个合理的、均衡的市场价格，而在规定均衡价格的过程中可以使用电子计算机技术来大大减少人工核算的时间和成本。但是，锡克却认为，这种用计划直接规定价格的做法，即使是采用最先进的电子计算机技术也是不可能实现的。锡克主张的是在取消中央政府的指令性计划的基础上确立一个自由竞争的价格机制，这种社会主义条件下的自由竞争的市场价格能够充分发挥出市场机制的关键调节作用，克服复杂而分散的信息问题。

其次，在信息收集和处理的问题上，兰格和锡克也是各持己见。兰格认为中央计划局的职能之一就是可以收集和处理大量的市场信息，包括企业和个人的生产、交换、分配和消费等信息，利用这些信息可以随时调整市场价格的变动情况，从而规定生产规模和再生产的投资成本以及居民对消费品的需求等方面的决策，这样就能起到市场机制在资源配置中的作用。然而，锡克却认为生产企业应当享有自主搜集和处理这些市场信息的权力，中央计划应该适当放权给企业实行自主管理，因为具体的生产规模、成本、效率和利润等信息只有企业本身是最了解的，在处理各种纷繁复杂的信息时也是最能够迅速做出反应和调整的。单纯地依靠中央计划部门来处理各种信息需要耗费大量的时间，包括信息的筛查、统计、分类和整理等，是非常耗时耗力的工程，等到全部的程序完成时，实际的市场情况早已发生了改变，经过处理后的信息也随之失去了时效性和使用价值。因此，就会陷入中央计划作出的决策不能及时适应市场供求变化的恶性循环，这对企业的长远发展和长期利益来说都是不利的。

通过对比可知，“锡克模式”市场社会主义理论在规定市场价格的问题上更加注重细节和效率，并没有将问题进行简单化处理，而是综合分析了主观和客观上的制约因素和不利条件，并设法克服这些障碍，真正抓住了问题的本质原因，弥补了“兰格模式”市场社会主义理论上的缺陷与不足，在理论和实践上都具有非同小可的独创性质和进步意义。

（三）市场机制在资源配置中作用范畴的观点不同

20 世纪 30 年代中期，马克思主义经济学家和一些同情社会主义的学者提出的被视为“异端”理论观点，与西方资产阶级经济学派的代表人物提出的所谓的“正统”理论观点形成了鲜明的对立关系。其中，兰格和锡克作为马克思主义经济学理论的支持派，分别用各自的理解和方案设计出了著名的“兰格模式”和“锡克模式”，正是这些被西方经济学界视为“异端”的观点和理论不断地发展壮大，而且越来越多的社会主义国家加入到这场论战当中，从不同层面充分论证了社会主义经济运行的可行性，对那些顽固的“反对派”做出了有力的反驳，而且对20世纪后半期乃至21世纪初期的社会主义国家进行经济建设和改革发展产生了积极而深远的影响。回顾这场论争的主要焦点之一，即社会主义经济核算的问题，兰格和锡克都强调了要从市场机制的作用进行论证，但是他们对市场机制在资源配置中的作用范畴的看法并不相同。

“兰格模式”市场社会主义理论并没有明确指出宏观经济结构的重要性，而是从微观经济的角度去分析了市场价格的核算与制定，这意味着兰格在研究市场机制的作用时实际上并没有脱离苏联模式的指令性计划的框架，没有真正区分社会主义经济发展中宏观不平衡与微观不平衡之间的本质差别，而且认为资本主义经济的宏观不平衡与经济危机问题完全是由生产的无政府状态和市场的负面作用引起的。这不仅是“兰格模式”的缺陷所在，也是大多数社会主义国家发展经济面临的通病。而“锡克模式”恰恰弥补了这个空缺和不足，从宏观经济分配计划的独特视角对市场机制在资源配置中的作用范畴作了必要的补充。

大多数社会主义国家主张用全社会的指令性计划来代替市场的作用，甚至提出要取消市场机制，认为这样就能够克服社会生产中的无政府状态和市场本身的盲目性和自发性。锡克对此完全反对，他认为这种企图在微观经济的领域内取消市场机制的做法非常不妥，会对整体的经济发展和建设实践带来巨大的危害。这种教条主义式的社会主义经济学采取的错误做法，也就是用解决宏观不平衡的方法来克服微观不平衡的问题，与资产阶级经济学所主张的试图用克服微观经济不平衡的方法来解决宏观经济不平衡的问题是极其相似的。西方主流资产阶级经济学不仅反对政府对经济的干预，而且过分夸大和鼓吹“市场万能论”的观点，混淆了国民经济中宏观不平衡和微观不平衡的不同性质，没有清楚地意识到政府部门对经济问题进行适当的干预其实可以产生一定的积极效果。

三、“锡克模式”是对“兰格模式”的进一步发展与超越

尽管“兰格模式”市场社会主义理论开辟了整个市场社会主义流派的先河，具有不可替代的里程碑式的历史意义和研究价值，但是从理论的严谨性和实践的可行性来看，仍然存在许多局限性和不成熟的方面，对市场机制的理解和运用还不够全面，对市场关系的认知和理解过于简单化，过度强调“模拟市场”的可行性而忽视了个人消费偏好和差异变化的客观性，将市场价格的供求反映完全依赖于中央计划局的调整，导致“兰格模式”只能停留在理论设想的层面，无法付诸真正的实践。相比之下，“锡克模式”具有一定的进步和超越，弥补了“兰格模式”中的不足之处，更加完善了将社会主义的计划与市场相结合的理论模

式。主要表现在提倡“资本中立化”的劳动联合体、主张宏观分配计划下的市场机制以及制定自由竞争的市场价格应消除国家的绝对垄断等方面。

（一）提倡“资本中立化”的劳动联合体

锡克同马克思一样，是坚决反对这种错误观点的。资本不仅能反映资本主义生产资料私有制的社会关系属性，而且也能反映社会主义生产资料公有制的社会关系属性，因为生产资料的资本本质上就是一种社会生产关系的反映，在任何社会制度下都是随着生产、交换、分配和消费的变化而发生转化。例如，在资本主义社会中，当剩余价值转化为资本时，意味着工人阶级的剩余劳动已经被资本家阶级剥夺，这种情况下的资本已经不仅是简单的生产资料，而且是可以自行增值的那部分价值，也就是所谓的剩余价值，而剩余价值又将作为新的资本投入到新的生产和投资过程中，由此继续创造新的价值，这种不断循环往复的过程正是资本家阶级一直保持富有的秘密，马克思在《资本论》中批判的就是隐藏在资本背后的这种“肮脏的”真实面目。为了克服资本在社会主义生产中产生异化的现象，锡克在指导捷克斯洛伐克社会主义共和国进行经济改革的过程中，提出了要建立“资本中立化”的劳动联合体。

所谓的“资本中立化”，就是将资本这一重要的生产资料在社会生产、交换、分配和消费环节中的被支配权和被管理权下放到社会主义的企业当中，而不是像苏联模式那样实行高度集中的指令性计划管理体制，在中央行政部门“放权让利”的同时也促进了企业进行独立化和市场化管理的发展，充分发挥了市场机制的积极作用。同时，企业的员工都有权参与公司的投资入股和股息分红。在完善企业生产过程和产品流通的决策方面，企业的员工都被赋予了一定的参与权、决定权和管理权，通过集思广益后的实施结果也将在最大限度上反映出企业的集体利益和员工的个人利益。可以看出，建立“资本中立化”的劳动联合体，大大提高了社会主义企业的独立性和自治性，这是“锡克模式”优于“兰格模式”的方面，具有锡克独创性的特征和优势，也是敢于突破以往的社会主义经济传统理论模式的一次伟大创新和进步之处。

（二）主张宏观分配计划下的市场机制

在斯大林执政期间，关于计划与市场的问题就一直是苏联进行社会主义经济建设的工作重心。斯大林在继承了马克思关于有计划按比例分配社会劳动的思想基础上，提出了“国民经济有计划发展规律”，认为这是社会主义特有的经济规律。这种所谓的“社会主义特有的经济规律”逐渐演化成斯大林的计划经济思想，落实到苏联的具体实践上就是高度集中的指令性计划经济体制的建立。从此，在苏联之后陆续建立起来的东欧社会主义国家进行经济建设的过程中，无一例外地都被斯大林主义的指令性计划经济思想彻底渗透，波兰和捷克斯洛伐克自然也包含其中。虽然“兰格模式”和“锡克模式”都是在这种斯大林主义化的苏联模式背景下不断形成与发展的，但是“锡克模式”的形成要比“兰格模式”晚了近30年，这段时间的发展经验和历史教训促进了“锡克模式”对市场社会主义理论的不断完善和优化。其中，在强调市场机制的方面，“锡克模式”比“兰格模式”更具进步意义的地方就在于提出了国民经济的宏观分配计划，强化了企业独立管理与工人自治的思想。

社会主义企业在实行独立化和市场化的经济管理过程中，难免会遇到市场失灵、行业垄断等难题。因此，锡克在强调市场机制的同时，还设计了国民经济的宏观分配计划，以克服企业的盲目市场化和生产的无政府状态带来的负面效应。需要强调的是，锡克提出的国民经济宏观收入分配计划是建立在市场机制的基础之上的，而且还基于对生产、分配和消费之间的内在联系的深刻认识，认为分配始终是联结生产和消费的重要环节，分配不仅能对生产的过程和结果产生作用，而且还可以促进生产和消费环节之间建立直接的联系。宏观的分配计划既能够影响企业的生产效果，又可以诱导群众的消费倾向。在资本主义社会中，分配的过程同企业生产的可能性、国民的消费目的和购买能力是不相适应的，资本家阶级的垄断导致了分配环节的不平等，从而造成宏观经济的不平衡现象时有发生，非常容易引发生产性的经济危机。在社会主义社会中，为了克服分配与生产、消费之间不相适应的矛盾，必须由国家行政部门统一制定一个宏观的分配计划，使规定下的收入分配比例与社会生产的规模和质量、居民消费的能力和范畴协调一致，真正实现宏观分配计划的总体目标。

与“兰格模式”相比，“锡克模式”的进步之处在于没有简单地将一切经济问题作市场化处理，也没有过度地强调市场机制的作用。从历史的发展来看，兰格第一次将市场机制引入到社会主义的计划体制中，这对市场社会主义理论的形成与发展具有里程碑式的重要贡献。但正是由于没有经验可以借鉴，而且受限于当时的国内和国际上动荡不安的政治局势，以及受到建立起世界上第一个社会主义制度的苏联所实行的高度集中的指令性计划经济体制的严重影响，“兰格模式”并没有充分考虑到市场机制在社会主义制度中的负面作用和复杂的实际情况，只是将计划体制无法解决的问题试图用市场的关系进行调节，忽略了应从宏观经济的角度去看待市场经济的问题，急于用中央计划局模拟出竞争市场的办法达到预期的改革效果，带有浓厚的纯粹理想主义化的乌托邦色彩，缺乏实践操作的客观性和可行性。锡克在总结了“兰格模式”的经验和缺陷后对市场社会主义理论进行了适当的改良，即改善与细化了市场机制的作用范畴，以及弥补了社会主义宏观经济分配计划的理论空缺，更加全面地将市场社会主义的理论应用于经济改革的具体实践活动之中，进一步优化和丰富了社会主义国家进行经济建设时可供参考和选择的改革方案。

（三）制定自由竞争的市场价格应消除国家的绝对垄断

资本主义垄断现象的出现意味着资本的过度集中，而资本的过度集中就会引起财富分配出现严重的两极分化，当大量财富集中在少数的个人手中时，绝对垄断的现象就会产生。马克思在《资本论》中揭示了资产阶级不断剥削无产阶级劳动人民的丑陋实质。这是由资本主义生产资料私有制的性质决定的，也是自由竞争下的市场关系发展到一定程度后的一种表现结果。但是，垄断的现象并非只存在于资本主义国家，从苏联和东欧社会主义国家在经济发展的过程中试图引入市场机制开始，就已经悄然埋下了垄断的种子，并随着市场社会主义理论的不断发展逐渐“发芽和结果”，最终形成国家范围内的绝对垄断现象。这种社会主义国家的绝对垄断对社会发展造成的严重后果和经济损失，与资本主义发展到最高阶段时产生的国家垄断资本主义别无二致，都是违背客观的经济规律的经济形式。而引发苏联和东欧各国理论界对国家垄断资本主义展开广泛的研究和讨论，主要源于列宁的帝国主义理论，尤其是在20世纪六七十年代中期最为显著。

当时的捷克斯洛伐克正值国内经济改革的高潮时期，由奥塔·锡克指导的“布拉格之春”经济改革运动也在积极地准备，关于制定自由竞争的市场价格应当消除国家绝对垄断的思想观点都集中体现在“锡克模式”市场社会主义理论之中。所谓自由竞争的市场价格，锡克主张在过渡阶段可以采用三类自由价格，即国家规定价格、浮动价格和自由市场价格。具体来看，对人民生活影响较小的生产资料，如机器设备、厂房、奢侈消费品等，可以先列入自由市场价格；而对于带有季节性特征的产品，如拖鞋、手套、围巾等，可以实行浮动价格，也就是根据市场需求对价格作出调整；而对人民的基本生活影响较大的电力、煤气、燃油、自来水、交通等，以及供不应求的某些原材料和基本消费品，都应该由国家来统一规定价格。与资本主义社会中的自由竞争的市场价格不同的是，社会主义社会不能完全取消国家行政部门对经济的干预，这是由社会主义生产资料公有制的属性决定的，任何形式的市场社会主义经济改革措施都需要坚守这个根本前提，否则就会出现市场失灵、绝对垄断的经济危机。

尽管“布拉格之春”运动最终被苏联军队联合华约五国强行武装镇压而宣

告失败，但是锡克的社会主义经济改革思想依然值得借鉴和反思，消除国家的绝对垄断的观点并没有过时，因为当今世界各国依然存在不同形式和不同程度的垄断行为。实际上，列宁最早在他出版的著作中就已经对苏联社会主义经济社会可能存在的垄断现象作了详尽的论述。锡克认为社会主义制度中出现的绝对的国家垄断和国家垄断性质下的企业制定出的垄断价格，不仅彻底埋葬了市场机制的积极作用，而且严重破坏了自由竞争的市场关系。只有消除这种国家层面的绝对垄断，才能真正净化市场环境，激发市场机制的正向作用。

第四节　对中国特色社会主义市场经济改革的启示

中国改革开放初期，东欧市场社会主义理论对中国经济改革的方向就具有非常广泛的借鉴意义和影响。纵观中国经济制度和体制改革的历史，可以看出，从国民经济发展的“五年规划”的方案制定以及协调市场与政府之间的关系等方面来看，改革开放后的中国特色社会主义市场经济与苏联时期的捷克斯洛伐克社会主义共和国在经济建设中的一些政策主张都有着相似之处，在一定意义上受到了“锡克模式”市场社会主义理论的启示，并且在结合中国发展的具体实际基础上不断进行改革的探索。当然，作为当今世界上最大的发展中国家，在经济改革方面，中国始终秉承着“取其精华、去其糟粕”的精神，虚心学习市场社会主义理论更加先进和优秀的方面，只有正确吸收历史经验和教训，才能更好地发挥自身的优势，更稳定地走向长远发展的美好未来。

一、注重权衡中央计划管理和市场机制作用的优势与弊端

在极具典型的苏联模式以及东欧社会主义各国积极探索出的各类市场社会主义理论模式中，包括“锡克模式”在内，无一例外地都犯了同样的错误，即僵化地照搬一种模式进行改革，导致高度集权的中央计划管理体制的弊端日益凸显。在20世纪60年代中后期进行的市场社会主义改革的理论与实践中，又过度地强调了市场机制的作用，弱化了政府在必要领域的管辖范畴和职责权限，导致社会主义经济改革的步调产生了偏倚，这都是没有注重权衡中央计划管理和市场机制作用在社会主义制度中的优势与弊端的直接表现，换句话说，也就是没有正确处理好政府与市场之间的协调关系。而马克思主义哲学的基本要求和方法论恰

恰在于始终坚持辩证法和两点论的综合视角来看待各种矛盾体之间的关系问题，在社会主义基本制度与市场经济如何更好地实现高质结合的关键点上下功夫，既要保证“有效的市场”发挥出最佳的经济优势，又要督促“有为的政府”持续为优化营商环境保驾护航。

（一）严厉抵制政府权力的绝对化、集中化和垄断化

从苏联及东欧国家的社会主义改革经验和教训中可以看出，国家行政权力的过度集中和绝对控制会加速垄断现象的产生，严重阻碍市场经济的健康发展。因此，在处理社会主义经济改革出现的问题时，首先应当考虑的是加大力度整治因政府权力过度的绝对化、集中化和垄断化而产生的腐败现象，坚决抵制政府官员以权谋私、贪污腐败的腐朽作风，严肃党内政治生活，全面净化党内政治环境，释放出更多的市场活力和企业经营的自由空间。

首先，党风廉政建设和反腐败斗争仍然面临新的问题和挑战，必须始终保持高度警惕的状态和政治灵敏的嗅觉，辩证分析复杂多变的国内外形势，坚定反腐败工作永远在路上的必胜决心以及对待腐败问题永远保持“零容忍”的鲜明态度，永葆风清气正、纪律严明的执政队伍和执政环境。

其次，依法铲除潜藏在社会黑恶势力背后的“保护伞”。从 2018 年 1 月开始，全国各地开展的扫黑除恶专项斗争以来至今，取得的阶段性成果显著，社会更加和谐安定，居民的生活水平和幸福指数也在不断提升。在决胜全面建成小康社会的最后关键时期，必须依法铲除黑社会势力和背后的“保护伞”，坚决把反腐败斗争进行到底。

最后，全面加强全党同志特别是高层领导干部的党员意识和党性修养。从党的十九届四中全会提出要建立不忘初心、牢记使命的制度以来，全面加强全党同志特别是高层领导干部的党员意识和党性修养等课题就显得尤为重要。通过对各级党组织、广大党员和干部群体深入开展红色革命历史主题教育和学习，是新时代下进一步深化党的自我革命、推动全面从严治党阶段性工作向纵深发展的有益实践，从更广的维度和更深的层面上促进了全党在思想上的集中统一、政治上的友好团结以及行动上的高度一致。时刻保持党员意识和党性修养需要广大党员积极发挥自身的主观能动性来实现，必须自觉提醒自己时常重温党章和入党宣言，不断学习马克思主义中国化的最新理论成果，忠实坚守马克思主义信仰和信念，永葆党的青春与活力。

（二）进一步完善市场在资源配置中的决定作用

所谓资源配置的问题，就是采用行政手段或者经济手段对社会中的各种生产

资料和生活资料等可以利用的资源进行分布的过程。具体来看，又可以细分为宏观和微观上的资源配置方式。宏观层面上的资源配置方式，即指在各种社会经济活动主体行为的基础上所形成的各类社会经济资源在全国各个地区之间、企业各个部门之间以及各种社会主体之间的整体分布情况，这种资源配置方式由于涉及国家关键行业和重要领域的整体发展规划，一般只能由国家机构或地方政府来作具体的安排和实施。而微观层面上的资源配置方式，则指的是家庭、企业和政府等各种社会经济活动主体为了达到生产、交换、消费和服务等目的而对社会中各种生产要素之间进行组合或结合的具体过程，包括企业生产的规模和质量、家庭成员的可支配收入在各类生活消费支出上的占比、政府用于社会公共基础设施建设上的财政支出等方面。从两种资源配置的关系上看，微观层面上的资源配置方式与宏观层面上的资源配置方式之间是相互联系、相互作用的。而这两种资源配置方式，最早是源于西方古典经济学家——亚当·斯密提出的“看得见的手”和“看不见的手”，亦即政府和市场之间的关系问题。无论是在资本主义社会，还是在社会主义社会，都需要处理好市场与政府的关系和作用问题。

20 世纪 30 年代起，苏联就开始建立高度集中的社会主义计划经济体制，而这种经济体制成为当时许多欠发展和极落后的战后国家试图在经济上重振旗鼓的典型范本。从资源配置的角度看，这种体制的显著特征即以中央政府的统一计划和绝对命令作为配置各类社会资源仅有的一种形式，市场的作用微乎其微。这些纷纷效仿苏联计划经济体制模式的社会主义国家，全都受到了斯大林曾经提出的“两个平行且独立的世界市场”理论的影响。同时也受到了来自许多资本主义阵营的发达国家对社会主义阵营中的国家实施经济封锁政策的打压，直接导致以苏联为首的社会主义阵营与其他发达的资本主义国家之间产生了在经济往来和贸易合作方面上的巨大鸿沟，从而形成了消息闭塞且增长滞后的普遍消极的经济发展状态。①

随着资源的不合理配置与国内经济长期的负增长现象逐渐蔓延，这种内嵌于苏联模式中的高度集权式的社会主义计划经济体制所暴露出的种种弊端，从 20 世纪 50 年代开始甚至到 60 年代以后呈现出日益凸显的态势，特别是表现在由于资源配置的低效而引发的经济发展滞后的矛盾方面上。因此，大多数社会主义阵营中的东欧各国都开始在不同程度上对区别于苏联的新的经济体制和改革模式进行积极而踊跃的探索。然而，由于理论认识与研究上的偏倚和误区，这些体制改

① 罗卫东，蒋自强．兰格模式与社会主义市场经济理论：社会主义市场经济理论的历史渊源［J］．学术月刊，1994（5）：6.

革的尝试都无法真正解决潜藏在原有体制中的本质问题。当时的捷克斯洛伐克共和国也同样遇到了经济发展迟缓的瓶颈，国民的生活水平无法得到提升，加之官僚主义和形式主义等不良风气在经济领域的肆意盛行，加剧了社会财富的分配不公和两极分化。直至20世纪90年代初，以美国为首的西方发达资本主义国家采取和平演变战略的手段，促成苏联国家走向解体、东欧各国发生剧变的历史定局，这种国民经济上的恶性循环才得以终止。此后，苏联和东欧国家便彻底放弃了僵化的社会主义计划经济体制，转而全面实行资本主义市场经济体制。

回顾中国特色社会主义基本经济制度的确立以及社会主义市场经济体制的艰辛历程可知，中国经济的发展越来越重视发挥市场的作用，已经将市场在资源配置中的作用问题上升到了国家顶层设计的高度。市场在资源配置的作用问题在社会主义市场经济体制改革的进程中受到中国共产党历届领导人的关注，而且发展到今天已经取得了飞跃性的进步。在新时代下，尤其是在新的发展机遇期，更应该进一步强化和完善市场在资源配置中的决定性作用。

（三）正确处理好社会主义制度下政府和市场的关系

马克思主义唯物辩证法认为，矛盾是事物发展的根本动力。两个相互矛盾方面的共存、斗争以及融合成一个新范畴，就是辩证运动。政府和市场之间的关系就是对立统一的两个矛盾体，彼此之间相互联系又相互影响，在一定条件下可以相互转化。西方传统经济学理论认为社会主义制度中不存在市场经济的发展可能性，政府对经济的过度干预或者干预不足都会扰乱整个市场秩序的正常运行。资本主义制度下的市场经济是建立在生产资料私有制的基础上的，是在完全自由竞争的情况下形成和发展的，而社会主义制度的市场经济是建立在生产资料公有制的基础上的，必须结合正当的政府干预，才能保证其社会经济的有序进行，避免出现资本主义社会中的无政府状态。那么，区分政府的正当干预和不正当干预就很有必要。因为从历史的角度来看，以美国为首的西方发达资本主义大国在1929~1933年世界经济大危机时期，就曾经提出政府干预经济的必要性。正是由于生产的无政府状态和自由放任的市场经济政策的双重影响，才导致资本主义社会出现大范围的生产过剩危机。

关于市场在资源配置中所发挥的决定性作用的范畴及应当具备的条件，可以归纳为以下几个方面：第一，合格的市场经济主体。任何市场主体都应当依法享有参与经济活动的合法权利和权益，同时，任何市场主体在进行经济活动的过程中也要自觉遵守相关的法律和法规，自觉履行法律赋予的责任和义务，主动承担自主经营、自负盈亏、自我发展的后果。李克强总理在2021年政府工作报告中，多次强调了“保市场主体”的重要性，充分说明了市场主体的健康发展是保障一切经济活动持续发力的根本前提，这是落实“六保”任务的关键一环，也是推进“六稳”工作的必要衔接。第二，充分竞争的市场环境。在社会主义制度下使市场在资源配置中起决定性的作用，是以充分的竞争条件为基础的。注意这里使用的是“充分的”而不是“完全的”表述，是因为在社会主义社会的制度属性的决定下，无法形成与资本主义社会中一样的完全的自由竞争市场，但是形成“充分的”市场是可以实现的。在市场经济条件下配置资源，实际上是受利益驱动的直接表现。任何资源配置的主体都被赋予能够追逐自身利益的基本权利，而这种权利恰恰是根据市场竞争机制的作用原理来实现的。各类市场主体只有完全处在充分竞争条件下的市场结构当中，才会有效地达到实现利益最大化的根本目的。第三，健全的法律制度安排。市场配置资源必须要有健全配套的法律制度体系作支撑和保障，才能促进市场在资源配置中更好地发挥决定性的作用，顺利实现各项经济指标和改革目标。纯粹的、自发的市场环境，可以促进良性的竞争，但同时也会刺激潜在的失灵现象。因此，完善和健全的法律体系和制度安排是确保市场经济活动得以顺畅运行的制度保障与法律依托。中国实行的社会主义市场经济体制，已经在以法律为依托的基础上取得了一定的成绩，但是法律制度体系仍有漏洞和不足，让徘徊在法律边缘的侥幸之徒有机可乘。因此，必须及时弥补制度欠缺的方面，为市场环境彻底清除阻碍发展的不利因素。第四，完备的社会信用体系。从一定意义上说，市场经济其实也可以被称为信用经济。在市场竞争的环境下，为了防止失信、冒充、伪造等违法行为引起的经济损失，制定一套完备的、可验证的、大数据化的社会信用体系能够及时起到风险防范和危机预警的作用，结合“互联网+”的云端服务平台，更加实时、有效地进行公民信用信息的登记、筛查和比对，避免市场陷入混乱和失灵的状态，为市场经济的健康、有序运行提供了重要保障。

关于更好地发挥政府作用，主要体现在这些方面：首先，为市场经济活动创造更加完善和公平的法律环境与制度供给。尽管中国社会主义市场经济的法律框架已经基本形成，但是距离健全而完善的法律体系和制度安排仍有许多提升的空间。对此，政府应当将完善法律体系的系列原则一以贯之，尤其是对非公有经济领域中出现的乱象进行统一的法律规范，通过建立诚信、透明、公开的证券委员会、反垄断机构等司法机关的方式，不断提升公民投资活动的法律效力。同时，还要加强对现代企业中管理制度和产权制度的完善力度，积极鼓励和支持更多的私营企业共同迈向高水准的现代化目标，并且在市场准入原则上要提高要求，实行统一的、高标准的、依法平等的市场准入制度，充分净化市场整体的营商环境。对于生态环境治理方面，政府还应当积极推广如自然资源有偿使用、生态环境补偿以及新型能源产权等制度的建构。其次，及时纠正市场失灵的发生，确保市场经济的顺畅运行。政府可以通过产品导向行为的方式，对企业等市场主体解决如何生产、为谁生产以及生产多少等基本问题进行宏观层面上的引导。同时，政府还应该为各类市场主体提供作为公共产品的生产信息和技术咨询等服务，并且对市场经济发展不利、不正当竞争和垄断行为依法取缔，确保市场环境的良性竞争。最后，在中国市场经济体制的社会主义性质下，实现社会的资源使用和财富分配上的公平与正义。所谓中国市场经济体制的社会主义性质，就是要毫不动摇地坚持以公有制为主、多种所有制共同发展的社会主义基本经济制度，这是政府发挥作用的必要前提，只有牢牢把握好这个根本前提不动摇的情况下，才能真正实现社会的公平与正义。由于各类市场主体的个体差异性以及市场机制本身的自发性特征，不同的市场主体从事经济活动的结果也是千差万别，因此政府的职责就在于将这种经济表现上的差异性和经济结果的多样化控制在合理、合法的范围内，从而保证市场经济的社会主义性质。

二、实行更高水平的对外开放和开拓合作共赢的发展格局

开放性是中国经济的本质特征，无论是内部性建设还是国际秩序建设，中国都始终秉承对外开放的基本国策不变。中国经济之所以能在短短40多年取得许多令世界瞩目的发展成就，与中国实行的改革开放政策密切相关。正是因为改革开放的伟大创举，让中国的国门向世界敞开，吸引了越来越多的先进技术和高级人才的涌入与交流，才使中国的经济、医学、科技、文艺等各个领域的杰出人才在世界舞台上得以展现，充分彰显了中国文化的浓厚底蕴以及中华民族自强不息的精神。尤其是在新冠肺炎疫情防控期间，中国医疗队伍主动向疫情严重的国家和地区提供技术援助和物资捐赠，为世界各族人民的生命安全积极贡献中国力量，一致得到了国际上的赞赏和尊重，也让世界越来越期待更多的中国声音。在新的发展阶段，持续推进更高水平的对外开放，积极开拓合作共赢的国际发展新格局，让中国市场成为世界的市场、共享的市场、大家的市场。

（一）加快建设更高标准的开放型经济新体制

中国在“十三五”时期出台了一系列对外开放新举措，特别是从党的十九大以来所取得的实践成果来看，我国积极推动服务贸易的高质量发展，加快粤港澳大湾区经济一体化的建设进程，以及积极打造更高水平开放的海南自由贸易港

建设等系列制度安排，可以看出，推动建设开放型经济发展已经迈上了新的台阶。“十四五”时期在建设开放型经济新体制的质量和水平方面需要“更上一层楼”，加快推进相关政策和具体措施的落实到位，形成更加开放的国内国际双循环的全面开放新发展格局。

第一，推进服务贸易高质量发展。全球经济早已进入服务型经济的新时期，而服务贸易迅速成为全球自由贸易的重点和焦点，其发展趋势也越发凸显一体化、多样化、网络化和科技化等时代特征。当然，中国也不例外。服务贸易已经快速发展成为中国发展对外贸易的突出亮点，同时成为推动全球服务进口的最大贡献者，尤其是在物联网和互联网的双重创新驱动下，加快实现了我国服务型产业的结构升级，促进了消费结构的转型和优化。促进服务贸易的快速增长，主要表现在消费结构的变革、制造业服务化和数字化经济转型的三重动力，这三种动力之间既相互联系又相互影响。数字经济作为一种新兴产业，是在互联网时代下迅速形成和发展的，传统制造业借助数字化的网络信息平台，能够更容易实现实体经济结构上的转型升级，由此带动传统的消费结构产生新的变革，共同促进服务贸易的快速增长和现代服务业的迅猛发展。由于全球经济一体化的趋势依然存在，跨境电商的发展日新月异，以及中国市场的巨大潜力，让世界服务贸易发展在信息技术不断创新的变革中更加趋向自由化、数字化、便利化和高质化。

第二，打造更高水平开放的海南自由贸易港。在新的发展阶段，必须深刻认识中共中央、国务院颁布的《海南自由贸易港建设总体方案》中的战略目标和具体措施，牢牢把握好社会主义的性质和方向，在掌握海南实际情况的基础上精准落实好各项路径安排，坚持“先立后破、不立不破”的原则，进一步确保整体运作过程的顺畅流动、协调统一、循序渐进，逐渐实现货物贸易和服务贸易、投资、跨境资金流动、人员进出、运输往来等方面自由便利化，数据安全有序流动限制以及“零关税”和“简税制”的特殊税收制度安排的阶段性目标。面对当前复杂变化的世界局势和经济前景，以更高水平建设海南自由贸易港已经上升到国家重大战略的顶层设计高度，利用海南独特的地理优势和区位优势挖掘潜藏的巨大市场价值，吸引全球最优质的生产要素，开展更高层次的区域经贸合作，打造出独具中国特色的重要开放新高地。

第三，加速国内国外双循环新型结构的全面升级。其中，国内大循环是促进国外大循环的前提和基础，而国外大循环则是对国内大循环的进一步补充和优化，这两种结构之间应当是相互依存、共生共进的关系。在筑牢国内大循环的根基时，不仅要综合利用和有效管理国内市场中各类市场主体的生产、分配、流通、消费等具体环节，更好地适应内需增长的新变化和新要求，在以法律制度为依托和保障的原则上促进国民经济在有序的国内市场秩序下进行良性的循环，而且要促进传统产业与新兴产业之间的协调关系，实现实体经济与数字经济之间的融合共进与均衡发展，还要依法破除制约生产要素市场化配置与商品服务流通的体制机制健康发展的重重障碍，最大限度地减少各类市场主体之间的交易成本。在发挥国外大循环的助推作用时，必须立足于国内大循环持续发展的重要基础，加快全球优质资源和生产要素的引进与整合，畅通国内贸易和国际贸易之间的枢纽与渠道，优化国内国际两种市场的贸易结构，实现进出口产品的双向认证和物流体系的顺利对接，用最短的运输时间完成最佳的贸易效益。

（二）坚持和平与发展前提下的世界经济一体化

当今世界，早已形成了相互依存、休戚与共、命运相连的有机整体，任何国家在政治外交、经济贸易、历史文明、生命健康、自然环境等方面发生重大变化，都会牵动着整个世界稳定发展的脉搏与神经，这种全球化的现象已经深入人心，悄无声息地融入到了人类社会发展的进程当中。而这种全球化现象体现在经济领域中所形成的世界各国统一的经济联合体的过程，就是所谓的世界经济一体化。中国不仅是世界经济一体化的受益者，也是贡献者。改革开放以来，中国经济用速度和实力向世界证明了曾经落后的发展中国家也能成为当今世界第二大经济体的事实。尽管全球化被视作一把“双刃剑”，既是机遇也是挑战，但是中国并没有被各种挑战击退前进的步伐，而是审时度势地抓住了发展的机遇，并充分利用好这把“双刃剑”来实现更多的发展成果。

近年来，美国频繁地向中国施加进口贸易关税的巨大压力，公然掀起中美贸易战等行为，已经严重违反了联合国和世界贸易组织等国际组织的有关规定，破坏了正常的世界经济秩序和大国友好关系。特别是在新冠肺炎疫情防控期间，美国政要和媒体还肆意散播“中国病毒”的谣言，不顾世界卫生组织的管理和劝阻，企图将新冠病毒在全球范围的大流行嫁祸于中国。相反，中国用事实敲碎了美国制造的谣言，无数支中国医疗队伍主动前往疫情严重的国家和地区提供援助，赢得了越来越多的国家对中国的尊敬与赞扬。

中国始终把世界各国当成友好往来的合作伙伴，而不是争权夺利的敌对关系或霸权主义。党的十八大以来，中国陆续提出了“一带一路”倡议、筹建亚洲基础设施投资银行（简称亚投行）、主办中国国际进口博览会（简称进博会）、建立自由贸易试验区等各种高度开放与合作的组织机构和交流活动，并且取得了显著的成效。从共建“一带一路”所取得的丰硕成果来看，根据 2020 年国家统计局的数据显示，2019 年中国对“一带一路”沿线国家进出口总额为 92690 亿元，比上年增长 10.8%；其中，出口增长 13.2%，进口增长 7.9%。“一带一路”沿线国家对华直接投资金额达 84 亿美元，增长 30.6%。可见，“一带一路”倡议并非中国独享发展利益的单边主义，而是为了携手世界各国共享合作共赢的发展成果。从亚投行的发展近况来看，截至 2020 年 7 月，申请加入亚投行的成员国已经由开业时的 57 名扩增至 103 名。在成立的 4 年多来，亚投行已经为 24 个成员国提供了 87 个、总额接近 200 亿美元的基础设施项目投资。从中共中央批准建设的自由贸易试验区的最新政策来看，2018 年 9 月，正值海南经济特区成立 30 周年之际，国务院正式下发了《中国（海南）自由贸易试验区的总体方案》。在此基础上，中共中央 国务院于 2020 年 6 月又正式印发了《海南自由贸易港建设总体方案》从自由贸易区到自由贸易港的定位转变，更加凸显出中国经济改革的时代特征和实践需要。

从上述这些进一步加大改革开放力度的措施成果上可以看出，中国一贯坚持开放包容的精神，用实际行动创造更多的发展机遇，聚焦世界各国的共同发展，并勇于开拓创新、顺势而为、应势而变，为构建人类命运共同体的宏伟目标而积极奋斗。在新冠肺炎疫情的冲击下，世界经济发展面临着前所未有的严峻挑战，中国经济的命运与世界各国的经济紧密相连，与世界各国人民携手共建美好未来。

三、科学认识社会主义收入分配制度中公平与效率的关系

（一）正确看待公平与效率之间矛盾统一的辩证关系

从辩证唯物主义的角度来看，公平与效率之间是相互对立、相互联系且相互作用的辩证统一关系。从对立的角度来看，公平在经济领域中主要体现在全体居民的收入分配过程，即是否确保地区之间、城乡之间、社会不同行业和不同阶层之间的贫富差距水平维持在一个既合理又相对较小的区间范围之内，因为在当前阶段完全消除贫富差距是不可能的，也是不现实的。而效率在经济领域当中的体现，就是社会上各类企业在生产速率和产品质量上的提升促使经济效益随之提高的发展过程，对产品的消费和分配环节都有直接的影响。从统一的角度来看，公平与效率又是相互联系、相互作用的共存关系，单方面强调分配公平或者只注重经济效率都是不全面的，而且也无法更好地协调促进社会的和谐稳定与经济的持续增长，容易造成贫富差距上的马太效应，逐渐偏离共同富裕的轨道。

发展社会主义市场经济，特别是在收入分配制度改革的过程中，应该既要保

证公平，又要提高效率。在苏联和东欧国家的市场社会主义分配理论的演化历程中，都围绕着平等与效率的主题进行不同收入分配理论改革和实践的探索与尝试，认为运用市场机制既可以提高经济效率，又可以实现收入分配平等。其中，"锡克模式"市场社会主义理论中分权模式下的收入分配强调的是工资上的差别和市场关系的激励作用，而且明确指出了要将按劳分配与按要素分配的方式相结合。这种思想体现了马克思主义分配理论的时代先进性，而且对于改革开放后中国进行的收入分配制度改革具有一定借鉴意义和启示作用。在中国特色社会主义市场经济建设的历史进程中，公平与效率的关系始终存在，而且缺一不可。因为缺少公平，市场经济就会陷入混乱无序；而缺少效率，经济发展又会停滞不前。公平与效率是一对共生共存的矛盾体，只有协调好二者之间的关系，并且充分发挥各自的作用，才能有效促进社会主义市场经济的有序前行。

中国收入分配制度改革的进程一直非常重视公平与效率的关系，当时的收入分配政策确实没有正确看待和真正处理好公平与效率之间的辩证关系，在一定程度上割裂了二者的联系。但是，经过实践的检验以及自我否定的过程后，逐渐将分配原则调整为初次分配和再分配都要兼顾效率和公平，再分配更加注重公平。可以看出，公平与效率的关系从一开始制定的分配原则所反映出的不平等地位，发展到了二者之间都处于非常重要的位置，这个变化是通过实践的反复检验而不断进行调整和优化的结果。强调初次分配和再分配环节都要兼顾效率和公平，因为再分配是在初次分配的基础上完成的，而初次分配的结果会对二次分配产生直接的影响。如果初次分配侧重于效率或者侧重于公平，那么必然会导致再分配环节中出现同样的偏差，从而进一步加大分配的不平等和效率的不稳定。同时，强调再分配更加注重公平，因为初次分配是按照按劳分配的原则进行的，再分配是根据各类生产要素贡献的分配原则来进行的，当初次分配中的劳动力要素产生个体上的差异而出现分配不公平的情况时，可以根据二次分配中其他生产要素的贡献量来进行适当的补充和调整，这就需要更加注重公平，否则会进一步加大按劳动力要素进行分配时的差距。但是，试图通过二次分配来完全弥补初次分配中公平与效率的不平衡问题，是非常难以操作的，也是不现实的。因此，正确的指导方针必须是初次分配和再分配环节都要兼顾好公平与效率的关系，保持二者的动态平衡，使其发挥出各自的最佳作用，在此前提下才能通过再分配环节进行适当调整，从而促进收入分配全过程的顺利进行。

（二）坚持以人民为中心的发展思想和共同富裕的目标

首先，坚持以人民为中心的发展思想，是适应中国社会主要矛盾发生转化的根本要求。一方面，从人民日益增长的物质文化需要转化为人民日益增长的美好生活需要，充分说明了中国人民的物质生活条件和精神文化需求在党的领导和改革开放带来的利好下已经发生深刻转变，不再单纯追求物质产品的数量而是更加注重商品的质量，对文化生活和精神世界的追求也不断走向国际化、开放化和包容化。另一方面，从落后的社会生产转化为不平衡不充分的发展，突出反映了我国社会的落后生产力水平已经成为历史，市场经济的有序竞争、更高水平的对外开放、现代企业的快速发展和科学技术的日益创新等时代变化，为全面提高社会生产力提供了源源不断的动能和活力。然而，之所以说我国的发展还面临着不平衡和不充分的问题，其中一个重要的原因就在于社会收入分配不公平、不合理的现象依然存在，直接反映在人民群众的工资水平上就是人均可支配收入的差距依旧较大。这就需要党中央和各级政府坚持以人民为中心的原则，走入群众、了解群众、体会群众，从人民群众的切身利益来改善和优化社会保障制度、税收制度、医疗保险制度等不健全的问题。

其次，坚持以人民为中心的发展思想，是促进经济效率和社会公平的主心轴。在社会主义收入分配制度改革的过程中，既要注重把“蛋糕”做大，又要兼顾把“蛋糕”分好。要协调好这两个方面的工作之间的平衡关系，前提就是要坚持以人民为中心的发展思想，因为做大和分好社会主义发展“蛋糕”的最终落脚点和最大受益者应该是全体人民，只有人民的利益得到了公平的保障，才能持续不断地进行“蛋糕”的生产，从而促成始终为人民着想、为人民服务、为人民发展的良性循环。然而，做大“蛋糕”不难，难的是如何分好“蛋糕”。中国已经是全世界第二大经济体，但是居民人均收入的差距还是比较显著的，一二线城市的人均工资水平依然明显大于普通的三四线城市，而且在互联网技术蓬勃发展的推动下，这个差距可能还会不断扩大。尽管新兴产业为一大部分人提供了广大的就业机会，但是受限于从业工种和个人能力的差别，通过提高基本工资来弥补收入分配上的差距仍有距离。要进一步缩小收入分配上的差距，就要始终抓住人民的主线，握牢促进经济效率和社会公平的主心轴，充分扩充就业岗位的种类和选择，更加细化不同工种和技术类别上的分类，实现不同人才和就业岗位的精准对接，同时提供更多保障劳动者利益的保险种类、就业津贴和工作福利。

最后，坚持以人民为中心的发展思想，是保障共同富裕道路更加稳步前进的最大引擎。自从邓小平同志在南方谈话中明确提出社会主义的本质以来，实现共同富裕的最终目标就一直贯穿全党进行各项改革工作的进程。而共同富裕的最终目的是为了人民，如果改革的发展偏离了以人民为中心的主线，必然会导致民心涣散、人心向背等负面影响，一旦政府脱离了人民群众的利益，那么社会主义建设的总体布局就会逐渐陷入混乱。因此，在新时代下走共同富裕之路，必须全面贯彻落实“创新、协调、绿色、开放、共享”的新发展理念，尤其要注重共享发展理念在收入分配制度改革中的重要引导，进一步巩固和完善中国特色社会主义市场经济体制和基本分配制度，踏踏实实为人民服务，不断促进社会经济的公平正义和全体人民的全面发展，把每一件关系人民根本利益的事做好，切实保障人民在共建共享的发展过程中公平享有的各项基本权利，共同推动全面建设社会主义现代化经济体系的发展进程，在高质量发展的总基调和新要求上稳步实现共同富裕的宏伟目标。

（三）在共享发展理念的视角下完善社会主义分配制度

党的十八届五中全会提出要树立和坚持“创新、协调、绿色、开放、共享”的五大新发展理念以来，中国经济发展的各项环节就已经将其理念精髓进行层层渗透，而且在“十四五”规划的开局之年，对五大新发展理念在高质量发展工作中的全面运用提出了更高的要求和新的期盼。其中，在收入分配领域的制度完善和结构优化上，要充分发挥共享发展理念的正向引导作用，把居民贫富差距的缩减任务切实提升至国家发展战略的高度，为畅通“六保”和“六稳”的双重轨道清空各种阻碍，乘“全面建成小康社会”之风，破“制约经济共享发展”之浪，如期实现社会主义现代化强国的宏伟目标。

共享发展理念自提出以来，一直贯穿着中国经济改革实践的发展进程，并且逐渐优化与完善，不断适应时代的新变化和新要求。在收入分配制度改革的范畴，更能体现出共享发展理念的先导作用和现实意义，为公平正义、共同富裕的共产主义道路指引正确的前进方向。

中国提出的“共享发展”理念的理论根源是马克思主义科学社会主义理论，并将其理论精髓结合中国的具体国情应用于改革的实践当中，不断确立与发展了属于中国特色的社会主义基本分配制度。自从党的十四届三中全会正式明确指出了“坚持以按劳分配为主体、多种分配方式并存的分配制度”，这个原则就一直贯穿着整个收入分配制度改革的发展过程，并一直沿用至今。根据商务部的数据统计，2019 年，全国居民的恩格尔系数为 28. 2%，已经连续八年保持着下降的趋势。说明人民的生活水平在不断提升的同时，人均可支配收入上的差距也在不断缩小，并且呈现逐年递减的趋势，充分发挥了共享发展理念在收入分配制度改革中的正确指导作用。

如今，共享发展理念早已渗透到社会经济领域的各个方面，共享经济的发展也带动了许多新兴产业的快速崛起。在“互联网+传统产业”深度融合的时代背景下，市场上的任何商品都可以通过互联网平台高效进行经营和销售，产品的服务得到了升级与优化，便利了人们的生活，也加速了人工智能技术的迅猛发展。中国特色社会主义进入新时代以来，不断为人民的美好生活创造着前所未有的发展机遇，也为世界其他国家带来更加开放包容、合作共赢的发展空间，世界经济的繁荣不仅需要中国力量，更需要世界各族人民团结友好、携手共进的巨大合力，为构建人类命运共同体的美好未来创造更加丰富多彩、和平稳定、科技创新、健康永续的发展奇迹。

第五章　中国社会主义市场经济

我国市场经济体制改革历经从无到有，从辅助性作用、到基础性作用再到决定作用进而确认为基本经济制度的过程。新时代中国特色社会主义发展的革命性创见在于市场机制与社会主义制度的兼容理论的认识深化。

第一节　中国社会主义市场经济理论

一、中国社会主义市场经济的形成

从新民主主义的革命摆脱半殖民地半封建社会被压迫的历史，到中国特色社会主义制度建设实践，中国不断开始探索符合中国国情的社会主义经济制度。

第一阶段，社会主义建设初期。分析中华人民共和国成立初期计划经济体制形成的时代背景和客观因素，能够更好地了解中国特色社会主义市场经济体制改革对于解放和发展生产力的重要作用。毛泽东在新民主主义革命和社会主义建设初步探索时期，就对市场经济有着辩证认识，意识到有保留市场机制的必要性，以便在没有发生较大规模变革的社会基础上维系传统社会治理结构。但受苏联计划经济影响，他审慎看待市场机制，对计划调节资源也有一定程度的认同。中华人民共和国成立之初，不具备完全消灭市场机制的单一公有制制度。毛泽东没有僵化地认识市场经济，他认为在消灭了旧的资本主义生产方式的基础之上，可以用一部分社会主义国家的资金发展商品经济秩序，使商品生产可以为社会主义服务。这个观点对社会主义制度下可以用商品经济实现效率，发挥市场制度优势做了理论方面的启发。但在实践中，借鉴苏联在中国建立起计划经济为主的经济体制，实行直接计划与间接计划相结合的计划管理制度。计划经济体制对于早期国家建设重点产业生产秩序，恢复关键民生领域的商品市场供给、建立起应急的国防工业等起到了重要作用，为国家工业化的结构性完善奠定初步基础。

第二阶段，改革开放早期。“文化大革命”后，一系列经济、政治和社会的制度难题亟待解决，而经济理论层面的思想解放势在先行，如何实现社会主义经济中的商品和货币的交易机制重启？以什么样的资源调配方式满足物质生产需要？伴随着对这些问题的探讨，也催生了党的领导集体对市场机制在中国社会主义经济社会发展中的地位和作用的全新认识。

党的十四届三中全会，江泽民明确提出要“建立产权清晰、权责明确、政企分开、管理科学的现代企业制度”。1993 年通过出台《中华人民共和国公司法》，对国有企业开始了“股份制”公司化改革探索，实施国有企业的战略性改组在国企建立现代企业制度。现代企业制度对于盘活国企资产，提升市场竞争力发挥了难以预想的作用。1993 年进一步完善了社会主义市场经济体制的基本理论框架。在基本经济制度层面，坚持以公有制为主体，维护社会主义性质。在国企混改中，建立现代企业制度、从市场经济运行一般原理到现代企业制度。在市场开放层面，建设商品市场、金融和证券市场、劳动力市场、信息技术市场等，拓展国内国外两个市场衔接，树立世界市场认识和对外开放、国际投资贸易。契合城乡经济，农业实行计划经济向市场经济转向，完善农产品要素市场；在政府职能上，改变以往粗放型宏观调控模式为精准调控，建立有为政府，完善公共服务，实现治理能力现代化；建立社会主义市场经济法律体系、建立以宪法为核心的民法、商法、经济法、公司法、物权法、债权法、知识产权法、票据法、海商法等民商法的法律体系，并提及社会保障等相关法律的体系构架。

21 世纪以来，中国共产党对于市场经济体制调整，提升经济发展质量有了新要求。面临经济高质量发展要求的新的制度改革诉求，胡锦涛的科学发展观理论成为指导经济社会发展的根本指导思想。2003 年党的十六届三中全会，通过《关于完善社会主义市场经济体制若干问题的决定》。满足国家工业化进程中的科学发展首先需要制度配套，需要在供求关系、价格杠杆、竞争机制上运用市场手段并遵循价值规律，但更要建立科学的管理制度和监管机制，并量化资源高效配置的边际产出价值，促进生产和需求的协同协调。

第三阶段，新时代中国特色社会主义市场经济理论。中国特色社会主义经济发展进入新时代。我国生产力水平已有大幅提升，工业化发展阶段已接近中后期，国家工业化基本完成，已在中国建立完整的全产业链工业体系。中国的国家产业布局中，部分行业发展进入生命周期理论中的成熟期，发展潜力有限，发展动力匮乏。经济发展需要寻求发展动力破解，而盘活全要素增长等创新增长形式成为新时代贯彻新发展理念，发展市场经济的全新制度性适应要求。习近平总书记在关于市场和政府关系的制度适应上，提出基于新发展理念的制度调整论断。2012 年 11 月召开党的十八大，习近平深刻地指出，坚守市场化改革方向，把社会主义基本制度与市场经济结合，发挥好两方面优势。尤其在经济体制改革的核心问题上，进一步明确将市场机制确认为资源配置的决定性作用，与政府发挥更好的作用，共同构成与中国市场化改革相适应的制度建设。从制度的层面分析市场和政府的辩证关系。政府能够在新时代经济发展的要求下，对经济结构进行调整，引导实现资源节约型、环境友好型发展方式，促进科技化、智能化的国家高端产品制造的上下游产业链形成。构建新时代中国特色社会主义新型市场和政府关系，本质上是在治理能力制度性完善与尊重市场配置的前提下实现政府有为和市场有效的关系。党的十九届四中全会要求建立高标准市场体系并推进要素市场建设。过去的经济发展中通常忽视了发展的可持续性。在生产要素市场的建设中，需要改变经济粗放增长模式、调整陈旧的产业结构、升级知识产权和科技交易制度，以解决后续增长动力不足等难题。而从生产资料配给制度改革来看，生产资料以计划形式配给阻碍了商品自由流通。需要进行基于“铁、公、机”的物流通道建设、仓储冷链配送体系变革和电信网络等终端通信的基站整合，打通农村“最后一公里”，实现偏远地区农特商品和扶贫电商直播的农村振兴新业态，实现要素在农村等落后区域的优化配置。

中共中央领导集体将社会主义经济制度建设实践中的理论认识和制度适应的实践经验进行归纳总结，形成新时代中国特色社会主义政治经济学理论体系，将马克思主义理论中国化，发展出适合中国国情的中国特色社会主义市场经济体制。

二、中国社会主义市场经济的基本特征

我国改革开放以来经济社会能够稳定、高效发展，原因就在中国市场经济体制与初级阶段国情相匹配，并与社会主义制度相适应。

社会主义市场经济也具有市场经济一般性的特点。比如，商品生产和交换均通过市场实现，并通过价格波动反映供需变化。企业自主决定生产经营过程并自主定价，政府宏观调控对市场进行干预等。这些特点较为普遍，在资本主义市场经济和社会主义市场经济都存在，我国的社会主义市场经济体制也不例外。而社

会主义市场经济体制本质特征是社会主义制度与市场经济体制相结合。[①]

在经济运行机制上，把市场经济体制与政府宏观调控的优势相结合。两者的制度结合可以优化两者的资源配置，起到社会资源配置的城乡、区域协调的作用。市场经济资源配置方式也存在制度局限性。社会主义市场经济体制与资本主义市场经济的根本区别在于政府巧用"看得见的宏观调控"调整经济。通过宏观政策调控，实现多种手段、别样方式、长远计划的产业引导和微观个体活力焕发，使市场经济效率与社会主义公平公正的原则紧密结合起来。社会主义经济在产业发展上提前布局，在发展经济与环境保护、资源节约兼顾方面可以实现精准宏观调控，从整体上优化供需平衡。

三、中国社会主义市场经济的本质

中国特色社会主义市场经济的有序开展，需要政府在管理服务中充分发挥宏观调控的职能，并能在更大限度上发挥市场在资源配置中的决定性作用。

社会主义市场经济是市场经济的一种形态。社会主义市场经济仍以市场作为资源配置的方式。并将全要素引入市场竞争中实现自由流动和定价。其独特性在于，国有企业是一种特殊的市场主体，在提供公产品为主的同时，也参与商品生产的市场化竞争中。市场体系中，还包括供销社等经济体在内的计划经济生产、分配形态。在市场价格保障性干预方面，农业等基础作物的保底收购价格作为稳定粮食的价格重要形式。通过对房地产土地限价，实现供给价格和最终市场价格的调节，实践房住不炒的理念，稳定房价的同时扩大保障性住房供给，增加社会福利。

社会主义市场经济体制，就是同社会主义制度结合，在社会主义制度框架内运行的市场经济机制。社会主义市场竞争中，企业灵活应用市场机制，通过价格机制实现生产要素的合理配置，并在市场竞争中实现对商品的优胜劣汰。社会主义市场经济中，国有企业在公有制基础上实行现代企业制度改革，在市场机制下与非公有制经济公平参与市场竞争，并在提供公共产品方面发挥更为积极的作用。

社会主义市场经济以实现共同富裕为根本目的，而资本主义自由市场经济，是建立在私有制基础上的，完全自由竞争必将导致资本利益最大化，伴随着贫富差距的不断扩大，不可避免地形成生产相对过剩的经济危机。资本主义国家在出

① 李义平．需求管理和供给管理——宏观经济管理的两种模式及其理论基础［J］．中国工业经济，1999（12）．

现社会经济危机时，也会采取国家宏观调控的干预手段，但并不能从根本上改变劳动与资本的对立。

经典马克思主义理论揭示了资本主义生产方式发展的必然灭亡趋势，以及昭示资本主义发展带来了自身制度的掘墓人——无产阶级。但马克思更多描述高度发达的资本主义制度下的阶级矛盾和社会革命方式，如何在生产力不发达的农业国家进行经济建设和社会生产的制度建设，需要社会主义政权结合自身国情不断探索。

第二节　中国特色社会主义制度与市场经济的有机结合

把社会主义制度与市场经济体制结合起来，创立崭新的社会主义市场经济体制，是马克思主义政治经济学中国化的新理论成果。

一、中国共产党的领导与市场经济相结合

社会主义市场经济理论的提出和改进，伴随着中国共产党领导下的改革开放实践。中国共产党的领导与社会主义市场经济体制相结合，是社会主义制度在维护社会公平和经济效率上制度建设上的统一，是社会主义市场经济发展的崭新形态，为经济体制改革激发经济活力提供了制度保证，充分体现出社会主义制度的优势。

（一）中国共产党领导作用的发挥

社会主义从科学理论发展，再到社会主义革命实践，在苏联成功建立社会主义国家，一直在社会主义政党的领导下进行。而社会主义经济制度实践中，社会民主党的混合经济模式和苏联传统计划经济模式的惨痛失败经营，给了中国共产党以制度启发。中国共产党逐渐总结社会主义在经济探索中的失败教训，领导探索符合中国国情的崭新社会主义市场经济体制。

我国社会主义市场经济体制的旺盛生命力来源于中国共产党在经济制度领域的理论探索和社会实践，并在党的中央领导集体中形成顶层制度进而确定下来。制度创新推动了社会主义市场经济在资源配置上的生产效率提高，生产出更多的物质资料生产、满足了人民需求。

中国社会市场经济体制的制度培育，随着企业主体、市场主体、党领导下的

政府主体三者关系的适应与建构过程。党领导国有企业转制，通过混合所有制改革和股份制，建立现代企业制度和现代产权模式。培养国有企业适应市场竞争，并通过现代企业管理制度的建立提升经济效益。党领导价格机制建立，推动市场秩序的培育和完善。在现代企业制度和价格机制引入后，党领导对政府职能和政府与市场关系进行梳理，党的领导在制度变迁的过程中发挥了积极作用。

中国的社会主义市场经济体制建设始终在中国共产党的领导下贯彻改革实践，在面临苏联解体社会主义阵营瓦解等意识形态冲击时，形势越复杂越需要党中央的坚强有力领导，在社会主义市场经济体制的不断完善中坚定制度自信。在经济改革的各项制度创新和社会实践方面贯彻党中央重大决策部署，做到维护国家和人民利益，在推动经济高质量发展中党员干部要有担当、敢作为，让更多社会主体投身社会主义建设中的前瞻性科技创新和产业布局中来，更好地参与社会主义市场经济下的重大工程科技项目，发挥匠人精神，集中力量办大事。

党的领导作用在党内经济体制机制过程中发挥着重要作用。当转轨时期经济存在严重的市场失灵和公共产品供给不足等市场制度无法解决时，党领导下的政府在制度方面的干预就显得尤为迫切。通过党的内部体制机制的调整，在组织精简和职能合并上，推进职责相近的党政机关合并或合署办公。在细分领域全面深化改革，将中央财经领导小组等改为委员会，并新建与市场发展密切相关的中央全面依法治国委员会、中央审计委员会等。新的领导制度强化了党中央对党和国家重大工作的直接领导，大大提高了党政领导工作的协调性和效能。

经济建设是中国共产党的中心工作，更需要认识到当前的经济制度的供给不足，把建立社会主义市场经济体制看作经济体制改革的发展战略目标。我国社会主义市场经济体制还存在与当前经济社会发展的矛盾，其中产业结构失调、城乡二元化、产权市场不健全等问题突出。建设中国特色社会主义市场经济道路，是中国全体人民的选择。①

（二）党的领导保证市场经济发展方向

中国共产党人是马克思主义者，始终坚持马克思主义的科学学说，坚持和发展中国特色社会主义。中华人民共和国成立以来，中国共产党在指导经济工作的同时改进党领导经济工作的方式方法，通过社会主义市场经济中国化实践探索，从经济发展的方向着眼，把握时代脉搏，凝聚科技人才和现代化管理结构，探索更科学的社会主义市场治理模式，完善对涉及党和国家事业全局的重大工作的顶

---

① 柳卸林，葛爽．探究20年来中国经济增长创新驱动的内在机制——基于新熊彼特增长理论的视角［J］．科学学与科学技术管理，2018，39（11）：3-18.

层制度设计，逐步形成了中国共产党指导经济工作的科学理论。

党的集中统一领导，能够坚持社会主义市场经济体制建设的正确方向，在对于计划和市场的作用探索过程中，党正确处理市场与政府的关系。党领导下的社会主义市场经济体制，能够确保市场的机制有效利用的同时，发挥政府对市场弊端的矫正机制。中华人民共和国成立以来，伴随着三大改造的完成，中国开始实行计划手段调节资源配置。在改革开放后，党从只能服务于资本主义的市场制度禁锢中解放出来。党的十二大提出以计划为主、市场为辅的资源配置方式，将政府与市场二者关系进行论述。党的十三大深化计划与市场内在统一概念，将社会主义市场经济的运行机制理解为有计划的商品经济体制。党的十四大直接将经济改革的战略建设的方向明确为社会主义市场经济体制建设。从党的十五大和十六大对市场经济建设中强化了宏观调控的作用，能够做到更好地对经济发展方向进行把控。党的十七大也就宏观调控的基础作用强化控制论。党的十八届三中全会再次强调市场经济建设方向，提出市场在资源配置中起决定性作用。

党的集中统一领导保证社会主义市场经济发展符合共同富裕的目的要求。资本主义建立在生产资料私有制基础上，市场配置资源往往会导致生产相对过剩，并使资本洗劫社会财富，导致周期性经济危机的出现。中国共产党的领导能够在解放生产力的同时坚持以人民为中心的立场，围绕实现共同富裕的目标，按照效率与公平兼顾的原则不断协调城乡、区域发展结构，调整分配制度，以从共享发展理念为引领，不断促进社会公平，有效遏制贫富分化。

中国共产党从政治领导贯穿到经济建设中，东西南北中、党政军民学的全部工作都要听党领导。经济制度是基础制度，自然也在党的重点领导范围内。党的集中统一领导能够保证经济建设社会主义方向。发挥党总揽全局、协调各方的资源的能力，通过宏观调控化解资本主义经济发展中生产的制度矛盾，保障社会主义市场经济条件下全社会的人力、物力、财力得到最大限度的合理使用，推动供给侧结构性改革和经济结构战略升级，实现经济高质量发展的任务。

党的领导是新时代背景下发展经济，健全中国特色社会主义市场经济体制的显性优势。经济改革进程伴随着中国共产党领导的理论创新全过程，本质上也是中国共产党内部对市场经济与社会主义制度理论创新。

（三）党的领导引领市场经济改革创新

坚持和加强党的全面领导，是改革创新的经验总结。中国共产党是善于创新的政党，通过不断完善政府经济建设职能，推动创新引领经济发展，把党领导经济工作的制度优势转化为治理效能。

以习近平同志为核心的党中央领导集体对市场经济科技创新的领导走出一条先理论、再战略最后到实践的改革创新的新路径。首先，从马克思主义基本原理出发，提出“创新是引领发展的第一动力”重大论断。通过对改革创新的作用进行体系梳理，党在贯彻新发展理念的过程中，将科技创新动力作为经济发展的第一动力，以创新促进市场经济体制改革。其次，提出创新驱动战略，建设世界强国。在2015年的全国科技创新大会上，习近平提出中国建设科技强国伟大设想，发布国家创新驱动发展战略纲要，将党领导下的“三步走”有效落实在科技创新的战略目标中。“科技创新2030”是党在保障国家科技领域战略安全的重大部署，党通过领导改革创新，着力攻克中高端科技研发技术，破除特定产业技术落后带来的发展瓶颈制约。最后，创新发展理念和创新驱动战略是通过市场体制机制改革实现的。

党领导科技事业的发展引领市场经济改革创新。市场经济改革发展的一项重要原因是党领导宏观调控的精细化实践，将市场经济发展纳入产业规划。将财政政策、货币政策辅助于高新技术产业和高科技行业，在就业市场和税收优惠上予以减免和补贴，在区域协调和产业协调的同时重视投资和消费的前瞻作用，做好经济逆周期调节准备。在创新行业的高质量发展上，中国共产党对5G、人工智能、云计算、区块链等“新基建”产业新技术应用于经济预测和政策推算进一步加强，增进治理能力现代化的科学性。党通过对科技资源的统筹优化，实现对科技人才的有效动员，集中力量突破高精尖领域科技短板，发挥党领导下科技创新对市场经济又好又快发展的驱动作用。

党健全科技工作领导体制引领市场经济改革创新。党领导科体制创新促进科技创新改革深化，主要体现在党中央的《深化科技体制改革实施方案》对于优化科研经费审批制度、改革院士评选机制等制度的努力。以实现科技要素的市场化流动，有效促进了科技成果转化的实质性突破。在国家科技创新中，举国体制是以往科技攻坚弥补产业配套全业务链条要素不足的关键支持，依照发展规划提前布局科学实验室和科学仪器配套，使科研力量集中于重点攻坚项目上，满足社会主义市场经济所需的基础科技创新，实践技术成果民用，促进社会生产力的发展。完善中央财政科技计划的实践，在党的组织下将企业个体纳入科研研发队伍中，在承担政府科研任务的同时实现技术产品的市场体制。形成良性的科技专利等知识产权交易市场，使科研人才既各司其职、各尽其责，又协同配合、形成合力。实现市场机制下的饱和式技术研发，从不同技术维度探索科技实现可行性，促进更大范围的科技成果转化。

我国的政体不是多党执政体制，中国共产党是唯一的执政党，在党领导下团结一切可以团结的因素，从各社会阶层中和统一战线中集民智聚民力，完善社会要素的协调配合，通过政治协商制度和新的社会阶层会议活动积极采纳新的社会发展诉求进行相对应的要素改革，使社会生产中人才、技术、资本、管理等要素活动在社会主义经济建设中，在各个阶层中发挥新的创造力。这些都是中国特色社会主义市场经济改革创新方面党的领导制度优势。

中国共产党的领导下的市场经济改革创新，通过党的领导政治优势、领导科技事业发展的改革创新、健全科技工作领导体制一系列举措，用制度保障了中国特色社会主义市场经济的发展，推动了科技创新和科技成果民用转化，实现党领导下的科研教育、科技应用水平在新时代显著跃升。

二、以人民为中心的思想与市场经济相结合

马克思（1948）认为："我们的出发点是从事实际活动的人"，任何一种解放都是把人的世界和人的关系还给人自己。马克思、恩格斯系统阐述过科学社会主义的基本原则，其中就囊括人民史观、实现人的自由而全面发展等内容。在人民概念的中国化理论探索中，阐述人民性的实践较为复杂。以人民为中心的思想与科学社会主义基本原则契合，更与社会主义市场经济的价值立场相匹配。以人民为中心、坚持人民的主体地位、使人民自主参与经济建设，由人民决定社会主义市场经济发展方向，成为人民史观下经济建设的制度性保障。

（一）以人民为中心的思想

新时代背景下"以人民为中心"的发展思想将马克思主义理论与社会主义市场经济体制建设相结合，从社会主义经济改革得到社会主义市场经济体制实践，被赋予了崭新的时代特征和显著的科学内涵。这与资本主义追求资本利益的最大化不同，社会主义的本质决定了市场经济发展以实现广大人民群众利益为最终目的。

市场经济与不同的制度相结合可以具有不同的性质。社会主义市场经济和资本主义市场经济体现了"以人为中心"和"资本至上"的不同市场经济原则。在资本主义原始积累时期，建立在资本主义私有制基础上的对于劳动者剩余价值的剥削，是纯粹的金钱主导下的雇佣劳动。资本家只关注商品利润、只追求剩余价值，对劳动者进行残酷压迫。资本主义市场经济在劳动异化过程中，反映了资本对于劳动者的剩余价值剥削，体现了无产阶级与资产阶级的剥削与被剥削、奴役与被奴役的关系。

“以人民为中心”的社会主义市场经济条件下，发展的成果由人民享受，劳动者不仅可以作为企业的主人在享受劳动成果，而且可以在一定程度上参与企业的管理，构建了和谐的劳资关系，凸显了以人民为中心的社会主义制度和市场经济制度相结合的制度优势，不断实现社会主义制度下的人的全面发展。

（二）为了人民的市场经济发展目的

在市场经济建设初期，偏离“以人民为中心”的发展经济曾有过深刻的历史教训。改革开放以来，虽然在解放社会生产力，提供物质资料的生产方面获得了极大发展，提高了人民群众的生活水平，但是在深层制度层面也出现了与市场经济不适应的问题。

市场作为资源配置的方式，与不同的社会制度相结合，具有不同的性质。社会主义市场经济的发展就是为了满足人们的物质和精神需要，实现社会主义发展的根本目的。社会主义市场经济“以人民为中心”和“资本至上”的资本主义自由市场经济有本质区别。我国建立的“以人民为中心”的社会主义市场经济制度中，以人民为中心是以劳动者与劳作对象的直接结合并为前提的，企业的劳动者对企业的生产经营活动也有参与民主决策和民主管理的权利，并能够在平等合作的基础上对企业管理者进行生产经营监督，平等享受劳动成果。而“资本至上”的自由市场经济体制下，劳动力的商品化是以资本和劳动的对立以及劳动对资本的隶属为基础的，劳动者本身是生产要素内化的人力资源。

（三）依靠人民的市场经济发展动力

人民群众是历史的创造者，国家和社会的历史进程是由人民推动的，社会主义市场经济从思想解放到开始探索市场的作用，是人民群众在计划经济制度抑制了生产的积极性的历史背景中，自发探求改革的结果。党和国家领导人在中国特色市场经济的理论实践中，顺应民心民意，重新启动发挥价格机制的作用，建立符合中国国情的经济体制，完成了市场化改革，这是在人民群众的共同参与下的道路探索。

以人民为中心是新时代中国市场经济健康发展的动力。人民群众同样能够在社会主义市场经济的建设中发挥经济建设主观能动性。坚持以人民为中心的思想充分发挥人民在社会主义市场经济建设中的主体作用。将人民在社会主义市场经济参与中，发财致富的主观愿望与市场经济客观规律相结合，激发市场主体的生产积极性，能有效提高劳动力市场要素供给质量。福建莆田通过制鞋业的产业链分段式整合，发挥人民群众的行业整合优势，实现民族品牌鞋子的产业生态，出现了安踏等明星运动服饰企业。深圳的华强北将香港的水货电子产品进口与国内电子元器件及代工厂的原有电子产业相整合，在人民群众的智慧凝聚下，出现了机械和硬件设备整合基地，进而孵化出大疆无人机等高科技集成机械企业。

市场经济发展依靠人民群众，主要基于以下几个方面：

人民群众是经济变革的决定力量。在市场化逐渐深化的具体实践中，无论是下岗工人从城镇的国有企业下海经商，还是农村集体公社转向家庭联产承包责任制的新农业生产方式，都是人民在市场改革发展中市场化转型升级中的具体实践参与，并在市场中检验各项要素调整带来的经济体制升级转型的制度改革新成果。

人民群众是市场发展的评判主体。经济发展是否成功，取决于人民满不满意。深入理解坚持发展依靠人民，就要尊重人民的主体地位。通过发展集民心聚民智，反映真实的人民诉求。习近平指出："时代是出卷人，我们是答卷人，人民是阅卷人。"全方位市场经济改革需要直面人民群众提出的发展意见和建议，也不能以多数人民利益"一刀切"损害少数人民利益。要务实解决切身利益难题，人民不满意，就是社会主义市场经济建设的失败。群众的认可促使政府在市场经济建设中改进调节经济的方式。

在市场经济体制的实践中探索发展动力，需要做到对经济发展的客观规律主体的新认识。中国特色社会主义市场经济彰显着鲜明的人民立场，表现出浓郁的人民情怀，将人民群众主观能动性发挥在市场经济中国化的探索实践中。把改善人民生活、增进人民福祉、保障人民权利放在首位。发展进入新常态，更需依靠人民群众。尤其要鼓励大众创业、万众创新、逐步建立和完善汲取人民的智慧的社会主义市场经济体制。

三、全面依法治国与市场经济相结合

实行社会主义市场经济体制，是建设中国特色社会主义的一场深刻的变革。"社会主义市场经济"在1993年被正式写入宪法，意味着以计划经济体制为主导的时代彻底翻篇。社会主义市场经济入宪使得社会主义市场经济体制获得了法律的许可，提供了市场化改革的法律制度层面的宪法依据。在习近平新时代中国特色社会主义建设实践中，更需要将法治社会建设思想全面贯彻于市场经济体制改革中。

在市场经济中，随着信托和契约逐渐标准化形成了商业信用制度，而市场经济体制建设更需要法治化的规范和监督。习近平总书记提出，在健全法治环境的背景下，把经济发展纳入法治轨道，明确"法治是发展的可靠保障"，发展社会主义市场经济要厉行法治。从顶层制度入手不断健全适应新时代市场经济发展的法律体系。并将政府的行为纳入法律监督的范围内，减少不恰当干预破坏经济秩序的政府行为，完善治理能力现代化，实现政府活动全面纳入法治轨道，使市场在法治化的机制下运行。市场主体守信守法，实现健康的市场运行机制。

进一步完善中国特色社会主义市场经济体制，需要与全面依法治国协同发展，法治建设是维护市场规范运行的有力保证。党的十九届四中全会对制度建设的谋划和布局，蕴含着法治思维。

（一）社会主义市场主体的法治化建设

社会主义市场经济伴随着企业产权制度的不断完善，逐步建立起现代企业制度，并以法律形式确立了各类市场主体平等的竞争地位。在市场化过程中，非公有制经济发展起点低、基础弱，保护非公有制经济主体平等参与市场竞争，需要在法治基础上进行，特别是对个人独资企业和小微企业的法律保护，这是市场经济成熟与进步的重要体现。中国特色社会主义企业法律体系中，保护国有、集体和私营经济等各类市场主体本平等参与市场经济的法律有包括《中华人民共和国公司法》《中华人民共和国个人独资企业法》《中华人民共和国合伙企业法》和《股份合作企业法》四个主体法律，以及《中华人民共和国外商投资企业法》等行政法规。社会主义市场经济日渐完善了对企业产权制度的法治保护。

（二）社会主义市场运行机制的法治化建设

无论是资本主义市场经济，还是社会主义市场经济，其管理体制和运行发展都需要由法律制度作为保障，均需要为法治经济建立相应的法律体系。随着市场主体法律地位的确定和主体权利的确认，是保证社会主义市场经济主体在市场机制下平稳运行的必要法制基础。社会主义市场经济发展中适应经济发展形成的民法和商法等法律制度，保证了市场机制的有效运行，营造了规范的社会主义市场经济运行的法制社会环境。健全要素市场体系，完善价格机制，从而实现在产权明晰条件下的市场有效竞争，实现资源配置的最大效率。

（三）政府依法治理市场经济

政府需按照市场经济的要求改革行政架构，从完善宏观调控职能到转变政府职能、界定政府的职能范围、依法建立服务型政府。社会主义市场经济运行机制，就是落实政府法律约束界定政府治理行为边界的过程，实现法治国家、法治政府、法治社会一体化建设。使政府在法治框架内实现宏观调控的功能，实现对国家的公共行政的法律约束。做好公权力监管的“法无规定皆不可”，将行政执法全程置于法律规范之内，并废除一切形式束缚市场发展的地方性行政规范和法律法规。加强国有企业市场区域封锁过程中的反垄断立法、国有企业财政补贴的行政性转移支付的法律监督和国有企业破产重组乃至职业经纪人收购的国有企业资产流失的法律防范。逐渐降低或取消国有企业补贴或税收优惠，改革完善政府经济调节、市场监管、社会管理、公共服务和生态环境保护的体制机制。降低对微观市场个体的直接干预，减少行政系统“运动式”“一刀切”现象，做好经济发展的战略规划并及时建立反馈机制，提升宏观调控水平。政府行政部门依法治理市场经济，要建立健全政府责任清单制度，并行放管结合的改革的手段。

政府法治化建设过程中的积极有为，体现在构建社会信用体系推动社会主义市场经济发展。社会信用体系建设本身是通过制度性建设来实现法律基础上的道德规范。通过在全社会推动社会信用机制在商业行为和市场基础上的奖惩应用，能够更好地推动企业弘扬社会主义精神文明、履行社会主义道德规范、形成诚信长效反馈机制，健全覆盖全社会的征信体系，建立完善失信惩戒制度。

第三节　中国特色社会主义市场经济优势的作用机制

中国社会主义市场经济的主要优势在于市场决定资源配置的同时发挥有为政府宏观调控的作用。其与资本主义市场经济体制的本质区别在于政府和市场作用不同。政府以宏观经济手段调节市场使之健康发展，实现从市场管理者向多元化市场参与者身份转变。

在社会主义市场体制机制运行过程中，政府的职能体现在整体统筹资源配置，进行长期规划和产业布局。社会主义市场经济发展的根本目的在于实现共同富裕，表现为精准扶贫保证社会公平的优势、区域协调经济平衡发展的优势、提高全要素生产力保持经济持续增长动力的优势。在全体、全局、全要素引领经济发展的新时代经济建设中，政府有为和市场有效共同发挥作用，形成中国特色社会主义市场经济体制的优势。政府驾驭市场的能力具体体现在供给侧结构性改革的产业结构调整上，体现在支持创新引领经济发展上，体现在公有制为主体发挥国有企业作用上。

一、政府有效发挥作用的优势

政府在宏观调控方面，通过供给侧结构性改革、创新引领发展、国有企业改革等手段，引导优势资源向社会需要的重点行业倾斜。将市场机制的资源配置的决定性作用与政府的宏观经济调控作用相统一，促进经济高质量发展的同时促进社会公平，更好地发挥社会主义市场经济的制度优势。

（一）供给侧结构性改革调控产业结构的优势

新发展理念引领经济发展，我国经济结构、产业结构正朝着更合理、更优化的状态演进。但供给与需求的结构性错位仍然是当前主要的社会矛盾之一。

供给和需求的不匹配在我国主要表现为结构性错位，低质量产品借给与高质量产品需求不对等，在钢铁、化学等行业出现严重的产能过剩。生产既无法刺激消费内需又不能促进产业升级，反映在制度层面，就是市场经济制度供给不足。

针对经济发展的现实情况，从推动高新技术产业发展入手，进行信息技术产业、新能源、新材料等新兴技术产业研发支持。通过政府投资的科创基金、税收优惠等财政支持鼓励直播电商、现代物流、云数据计算平台的发展和智能制造基地建设，促进现代服务业集聚，实现产业结构优化。

经济结构的改革主要是产业结构的改革。长期以来，政府对经济的过度干预抑制了市场供给端的自发调节，在新产品供给、新技术服务和新产业发展的潜力并未得到有效激发。与此同时，地方政府享受垄断红利与权力寻租，没有动力增加市场供给的同时反而强化权力管制机制。供给侧结构性就通过与去产能、去库存、去杠杆、降成本、补短板，实现“三去一降一补”。要在建立国家创新发展的同时深化要素市场改革，为社会主义现代化建设中产业调整与科技协同创新提供制度保障。需要破除以户籍人口设定服务设施的传统计划思维，在公共服务基础设施和产业政策配套上加强财政支持力度，补充教育、卫生、文化等公共服务事业的市场化产品供给，进而分梯次推动市场改革并保障民生所需。①

（二）政府支持创新引领经济发展的动力优势

经济发展需要创新推动，政府在科技创新发展中的作用不容忽视。在经济体制改革的逐渐深化的过程中，政府的顶层制度创新也起到了重要作用。在制度创新推动经济发展的过程中，以创新迎合工业技术变革和产业调整，实现竞争性的技术成果转化。

政府通过扶持科技创新的主体助力经济发展。政府在创新进步人才奖励方面，设置各地人才引进政策，为高新技术人才提供安家补贴。在重大科研项目上通过政府下辖党的科研院所、高校申请的方式打入课题经费和科研基金，通过地方国资委或地方科创基金为技术创新的科研主体提供资金注资。深化科技体制改革，建立市场需求为指导的技术研发机制、努力打通高校与企业共建研究院的环

① 易信，刘凤良．金融发展、技术创新与产业结构转型——多部门内生增长理论分析框架［J］．管理世界，2015（10）．

节。通过企业实验室等形式直接服务企业技术研发，进而推动个体企业技术增长并技术反馈社会，营造良好企业和科创高校共享的创新环境。

社会主义市场经济体制的建立过程伴随着市场制度的认识强化和政府服务职能的转化。政府适应市场要求改革政府建设项目投融资渠道。通过对民营企业投资主体地位的保护和投资决策权的投资制度的确立，在一些政府引导性 PPP 项目上，引入外部民间资本投资。比如，2020 年北京大兴地铁的新机场线等项目垃圾处理招标，就全面实施 PPP 模式引入社会资本。重庆城轨快线 PPP 项目 2021 年 3 月启动璧铜线建设。常州武进区 2021 年运用 PPP 模式建立农村生活污水的集中处理设备 470 余套，改善了当地农村生态环境。这些都是政府通过政策指导、信息服务和规范市场准入的制度，成功引入社会资本实现政府基础项目建设的资金募集，实现市政基础设施等 PPP 项目建设的投融资模式创新。科学技术是关于科技成果的虚拟产权，其本质是商品。技术转化通过建立科技专利的商品市场化体系达成交易，实现技术的民用和商用普及。通过对科学技术的证券化金融支持，建立科创板类型的募资渠道。帮助高新技术企业对接风险投资基金，以完成高新技术企业和行业发展的资本需求，建立企业上市辅导机制和证券融资培训通道，在市场中形成高科技产品的规模效应，实现行业市场的提前布局，达成行业占有率。

政府响应小微企业诉求，进行财税金融制度及科技创新。政府提供科技创新公共服务服务科技创新，影响科技整体环境的发展。在市场经济技术资源匹配和结合政府制度性资源的补充，使得科技创新的外部环境优势更加明显，科技创新的外部性增强，甚至出现区域化科创中心聚集的现象。作为科技创新外部公共服务的供给方，政府运用“看得见的手”在向各创新主体服务时，加强共享信息数据库、数据处理中心、电子图书馆、电子通信网络等商业硬件设施的完善，服务更多科创企业。科技创新是一个在市场经济的竞争环境下以企业、各科研院所等为主体，以金融和其他要素为辅助，以政府的各项机制创新和公共服务为主导的系统综合体。

在国家战略性新兴产业和核心科技领域，通过进行组织创新和市场机制引入，能够更快形成科技产业链条，整合上中下游人才供应结构，促进国家级科学实验室的规范化、体系化。创新是发明的第一次商业化应用，只有将发明引入生产体系才能成为创新。在事关国家安全和重大核心利益的科技领域探索中，通过交叉学科、产学共建、科研设备共享等方式集成科研攻坚力量，以精准国家科技产业宏观调控决策机制开拓跨部门、超组织的高效研发机制、并落实产业市场化应用中的技术应用成功评估系统和绩效核准机制。

二、提高全要素生产率保持经济持续增长动力的优势

社会主义市场经济发展的最终目标是解放和发展生产力，中国经济已由高速增长阶段转向高质量发展阶段。在高质量发展阶段，需要推动全要素生产率的增长动力以实现资源的高效配置，并在科技创新主导下驱动经济增长。

（一）提高生产要素质量变革发展路径

在经济结构转型中，党中央作出了提高全要素生产率推动发展路径转变的重大决策。

中国经济增长能否实现从速度向质量的平稳过渡，关键在于全要素生产率的较快提升。在全要素增长带动结构性转型的过程中，中国通过数字化和信息化推动“新基建”的发展，重视互联网技术革命和大数据的算法创新，将以人工智能、区块链、5G、云计算、AI 技术等智能产业做好数据驱动型产业革新，围绕工业互联网进行国产大飞机项目、集成电路芯片等产业布局，注入全要素生产率因素提升科技集约型产业发展空间。在实践经济增长方式的路径改革上，需要保持高质量发展势头。进而实现经济发展方式转化、经济运行结构调整、经济增长动力置换。发展成果需要从发展的质量要求、发展的效率要求和发展的动力来评判。

转化发展质量主要包括从产品生产到服务贸易的全方位调整。从新理念着眼，在高质量发展的目标要求下落实全要素生产率等制度创新，实现资源向具有市场充分竞争优势的高质量生产的企业和行业集中。通过高质量生产的社会环境建设，提高国际市场竞争力。推动绿色生产和技术创新，实现生产方式的有序转型，向碳中和目标着力，满足绿色发展理念，使可持续发展的绿色生产、绿色消费融入消费文化中，以发展质量转型促进消费质量转型。

着重效率变革主要包括提升市场开放程度。经济发展的发展效率探索就是需要打破以往经济发展中的制度性障碍。引入市场化竞争，促进企业兼并重组或股份制改革。在实体经济领域的关键性行业进行财政补贴，减少物流、能源等关系国计民生企业的行业波动，引入保险机制改善其金融风险抵御能力。促进外向型市场探索，促进跨国公司世界范围内的资本、技术等要素投资，提升中国国际贸易中的价值链层级。

转换增长动力，就是要提高劳动力素质促进技术创新。随着中国人口结构的转化，劳动力的数量优势和工资优势都相对衰减。为适应经济行为参与主体与增

长动力相匹配，需要加速劳动力从数量向质量转化，通过增强理科教育和职业教育等方式，提高专业技能和职业竞争力。增强人才培养和知识产权市场建设，完善科技人才教育机制和产学研市场化机制，鼓励企业建立科研实验室并吸引研发型科学技术人才直接参与生产领域技术创新。

全要素生产率促进经济高质量发展，通过要素资源的有序调整，促进要素市场适应经济发展的整体需求，实现经济高质量发展的全要素生产率转换发展动力的新局面。

（二）加速生产要素流动促进经济增长

常见的影响全要素生产率的因素通常包括人力资本、技术创新、组织和制度创新、社会观念变动、需求变化、要素份额变动、变量缺失、计量误差等。促进各生产要素协调发展，就需要在技术进步的基础上完善劳动、资本、技术、管理、数据等相应要素的市场流动性，使之成为经济平稳增长的重要保障。

劳动要素对经济增长作用。通常将人力资本的质量的衡量方式是劳动者平均受教育年限，而受教育水平的提高能够直接促进劳动产出促进经济发展。中国的教育体制改革以来，随着高校的扩招，越来越多的大学生得到了良好的教育，我国大学生所占比例越来越多。通过学历教育和职业资格教育补贴以及个税退税等形式，强化对社会职业技能需要的教育奖励机制。人力资本在市场中的有效流转还需要完善劳动力市场建设，在劳动力要素的市场化过程中需要改革户籍制度和农村集体产权的住房商品化流转机制，推动农村人口向城镇化发展。将农业人口向城市工业人口和服务业人口转移，更重要的是优化生育环境，改善人口结构，实现生产率配置的合理性，进而提升全要素生产率，促进经济增长的平稳有序。

资本要素对经济增长的作用。资本要素的自由流动有利于从社会经济层面促进全要素生产率提高。党的十九大报告提出，健全财政、货币、产业、区域等经济政策协调机制，就是通过政府主导下的资本要素调配，实现财政政策和货币政策在产业经济发展中的作用。促进资本在高精尖领域和重点建设行业的有序集中，并通过反周期配置，解决效率带来的产能过剩问题，使资本流动配合经济社会健康发展。资本促进全要素生产率的发展，是通过影响配置资源效率实现的。在不同产业和所有制企业中，资本的逐利性能够促使企业内部要素的结构性优化。在金融系统的信贷体系中，小微企业和农业部门比较难享受国有企业所具备的金融机构授信金额，经营性现金流就得长期保持高位，影响了企业的对外投资和行业整合，降低了社会效率。而政府通过宏观政策鼓励城商行、农信社等基层金融部门向小微企业和农特领域发放信贷基金，以及特定行业的减税降费机制，优化资本动能，降低因金融摩擦导致的资源配置效率损失，实现经济高质量发展。

技术要素对经济增长的作用。技术能够产生经济增长新动能，是提高全要素生产率的根本办法。技术作为要素生产率的整体提高方式，任何要素的技术改革都带来生产效率的全方位提高，并体现在技术进步率这一经济指标上。通过经济参与主体在技术领域的广泛实践，获得商品在均衡市场价格外的超额收益。中华人民共和国成立初期，我国在国防军工和重大机械项目上通常采用逆向工程反推技术原理，实现重大科技项目从无到有的过程。未来技术探索更需要在绿色发展的理念下，完善技术的产业融合机制和市场化交易机制，扩大绿色科技的应用范围，促进生产流程、交换环节、后勤保障为一体的绿色可持续发展的碳中和经济，将技术进步成果有效转换为企业绿色制造能力。

管理要素对经济增长的作用。企业的管理要素提升能够提高企业的生产效率，改变生产要素在市场上的配置结构和资源存量。在企业管理中实现精准流程管理，改善了企业的发展质量。首先，管理要素调整需要落实在岗职细分层面，通过工作计划的进度来配置相应岗位并明确岗位职能。从经济效益、部门团队建设、产业技术提升等方面制定量化考核指标并进行岗位评级。其次，打造管理队伍。在企业相应职能部门建立高素质管理团队，通过推进部门职能管理，完成向研究型管理的转变。最后，通过企业管理信息系统引入，优化工程设计、项目管理、客户服务、综合办公流程等，全面支撑公司精细化运营管理、实现工作流程优化管理、提高办公效率、促进公司核心竞争力的提升。

数据要素对经济增长的作用。社会领域的数字化转型数据体现数据要素的重要性，数字经济已经构成金融科技的重要实现形式。习近平总书记在中央政治局第九次集体学习时的重要讲话，站在全面建设社会主义现代化强国的战略高度深刻阐释了数据要素对于未来人工智能产业发展，加快中国制造向中国智造升级的重要意义，并提出了数据要素促进自主创新能力提升的具体行动指南。数据要素能促进经济增长的积极性。人工智能、大数据、云计算等技术手段共同构成了技术要素，并促进了数字经济的发展。深入实施创新驱动发展战略，就需要更好的建设数据产业的发展链条，构建完善的产业配套和保障硬件资源供给。促进数字经济的新兴产业聚集，并引导下中下游数据产业进行产业结构闭环，为高质量跨越式发展提供有力的科技支撑。在智能制造产业中，数据要素的引入能够改进参数调整、促进设计优化，完善生产资料自主适配，极大地提高了生产效率。在金融科技领域也通过人工智能技术的引入改善了客服体系，实现了高频问题的智能化解答。数据要素的高速流动促进了数字化时代的发展，也促进了社会的整体运行效率。

（三）完善要素市场体系增强经济活力

进入高质量发展阶段后，需要促进要素市场体系建设，加快营造与高质量发展相适应的市场体制以及政策环境。

政府体制机制创新。政府通过制度调整和体制创新，将要素市场中的技术要素和人力资源等要素进行产业调整和区域调整，促进经济发展的相对均衡。要素市场建设发展需要有与之配套的宏观政策，政府能够通过营造平等的市场营商环境，消除不同所有制企业要素获取的资格差异。减少补贴和特许经营许可、打破国有企业在部分竞争性行业的非天然垄断。应当在要素改革过程中，打破旧要素的束缚，进一步释放要素增长活力，进一步全面深化改革。

政府必须在完善产权制度和要素市场化配置等领域重视顶层设计，深化产权保护、监管政府行为，对政府行政管理的国企国资、土地、财税等重点部门职能进行适应市场化调整。在微观层面，政府职能是打破行业垄断、减少地方保护，营造平等使用生产要素的公平竞争环境。通过消除生产要素自由流动的障碍，提高全要素生产率对经济的促进作用。

提高全要素生产率的途径主要有两种。企业从微观市场参与中运用新的技术实现新产品研发，促进新的市场开拓，企业的经济行为是市场创新的来源。政府运用宏观调控再分配资源，实现劳动力、资本、土地的生产部门转移，提高全要素生产率，提高企业积极性，注重强化市场机制的竞争性，用退出机制和市场黑名单制度等“创造性破坏”机制淘汰落后企业，激发要素活力。

政府调整财税体制提升全要素生产率。财税制度的调整能够优化要素配置结构，平衡财政建设支出和社会保障支出的巨大差异，能够增强风险承受能力，提高消费意愿，激发投资对于经济的刺激作用。财政制度完善与法制和金融环境的建设，能够实现国有企业评级正常化。而金融资本依据评级进行商业授信，能够改善中小民企融资难的问题。调整土地财政政策，将土地出让金收入纳入财政预算，建立透明的支出监督机制，并通过增加对文化教育、医疗、卫生等产业的公共建设支出，推动产业结构迭代升级。

第六章 经济管理的发展研究

第一节 我国经济管理面临的新挑战

宏观经济管理是国家对经济总体发展进行计划、组织和调控的活动行为，宏观经济管理的四大目标是经济增长、物价稳定、充分就业和国际收支平衡。就目前我国宏观经济管理面临的形势看，主要有以下三个方面的挑战：

一、外部环境严峻复杂

金融危机过后，世界经济进入了中低速增长的历史阶段，造成了外部对我国外向型生产活动的需求不足，出口对国内经济的拉动作用明显减弱。主要国家执行内顾型经济政策，贸易保护主义随之盛行，对我国出口类型的经济活动也是一种抑制。各个国家纷纷出台政策振兴本国经济，重整制造业，对我国以出口制造为主的外向型经济更为不利。

二、投入因素制约

从经济运行机制的投入角度看，人口、技术、资源和资本是保障生产运转和经济运行的基本要素。随着我国进入老龄化社会，劳动力优势在生产活动中逐步丧失，与其他发展中国家相比极有可能逆转为劣势；自主创新能力基础薄弱，缺乏核心技术支撑，是技术层面长期存在的问题；能源资源欠账较多，粗放型发展方式带来的负面影响仍然存在；资本利用效率不高。

三、制度性制约

宏观经济本身是庞大体系，它的运行过程也是个复杂的系统性问题，宏观经济管理过程中政策传导不顺畅、政策工具之间的协调性以及经济结构自身存在失衡，市场主体和微观主体缺乏等问题，也是目前我国宏观经济管理和调控中面临的较大挑战。①

第二节　新时代中国经济发展的新格局

因新冠肺炎疫情的出现，世界经济局势的不稳定性和不确定性因素增加，我国面临新的经济机遇和挑战。2020 年，党的十九届五中全会审议通过了《中共中央关于制定国民经济和社会发展第十四个五年规划和二〇三五年远景目标的建议》，指出了我国接下来的发展战略策略及具体路径，即到 2035 年基本实现社会主义现代化。并且重点提出，构建以国内大循环为主体、国内国际双循环相互促进的新发展格局。

一、构建高质量国内大循环

从主要依赖国际市场转向国内市场并非是一种倒逼性质的被迫战略，而是新时代中国经济发展到一定阶段的必然要求，是解决当前我国发展面临的一系列矛盾的客观需要和主动选择。但更应该重视的是，构建高质量的国内大循环并非是非此即彼的“一刀切”，以国内市场替代国际市场，而是要更加重视国内市场，同时积极参与国际市场，充分利用好“两个市场”的各自优势，实现国内国际双循环同时发力。所以，在“畅通国内大循环”的基础上又提出了“促进国内国际双循环”的发展战略。具体来说，要处理好以下几对关系：一是处理好供给侧和需求侧之间的关系，通过需求侧改革提升供给质量，从根本上提高中国经济的国际竞争力。二是要处理好实体经济与虚拟经济之间的关系，尤其是实体经济与金融、房地产之间的关系，从根本上提高中国经济应对风险的能力。三是要处理好生产、流通、分配和消费之间的关系。在构建“双循环”新发展格局的过程中，必须坚持马克思社会再生产理论的指导，重视生产、分配、交换和消费四

---

① 金晓梅．我国要素价格扭曲程度的测度［J］．经济与管理，2020（4）．

个环节间的对立统一关系，重视两大部类产品在结构上的平衡关系。不仅要重视生产流通环节，更要重视分配环节。

构建高质量的国内大循环，关键是要以高质量供给，“充分发挥我国超大规模市场优势和内需潜力”。当前，我国人口已超14亿大关，人均GDP也突破了1万美元大关，是全球规模最大且消费潜力最大的经济市场，有着巨大的发展空间。构建高质量的国内大循环，必须要提升创新的战略地位，坚持把科技自立自强作为国家发展的战略支撑，以创新驱动发展现代产业体系和经济体系，发展实体经济，奠定发展的物质基础；推动产业链升级，发展现代服务业和战略性新兴产业，推动制造强国、质量强国、网络强国、数字中国建设，增强中国经济发展的前瞻性；把扩大内需作为战略基点，利用自身的市场优势，将供给侧结构性改革和扩大内需协调起来，通过生产端的改革，拉动内需，实现生产端与需求端的有机衔接；深化改革，构建高水平社会主义市场经济体制，推动有效市场和有为政府的高效配合。具体来说，就是要以国内循环为主攻方向，通过产业链和供应链的优化升级进一步扩大内需，通过高质量供给体系的培育形成完整的内需体系。可以说，构建新发展格局为解决中国长期存在的结构性、体制性和周期性矛盾开拓了新的路径。总之，在今后一段时间，要将“高质量发展作为构建新发展格局的主题”。这既是习近平总书记的要求，同时也是社会主义现代化建设的客观需要。①

二、优化发展国际大循环

20世纪末，我国经济发展与世界发达经济体严重脱轨。面对当时外汇储备不足、人民购买力低下的发展现实，我国政府采取了“两头在外，以出口为导向”的经济发展战略。针对当时的人口红利，我们充分利用这一优势，大力发展劳动密集型产业，实现了国际贸易的巨大顺差，为我国经济由区域性走向全球性，一跃成为世界第二大经济体做出了巨大贡献。当前，中国已经成为全球经济的重要参与者，在全球产业分工中扮演着重要角色，是全球经济增长的重要动力引擎。优化发展国际大循环的核心要求就是要在兼顾效率与安全的前提下深度融入国际循环，坚持“引进来”与“走出去”相结合，更好地吸引全球资源要素，既满足国内需求，又提升我国产业技术发展水平，形成参与国际经济合作和竞争新优势，从根本上提升中国经济的国际竞争力，以及对国际金融风险的应对处理能力。为了达到这一目标，就必须处理好以下两个问题：

① 罗慧如．大数据时代的宏观经济调控及政策优化［D］．广州：广东财经大学，2016：3.

第一，要将科技创新作为优化发展国际大循环的战略支撑。“十四五”规划提出，要坚持创新在中国现代化建设全局中的核心地位，把科技自立自强作为国家发展战略支撑。应该通过提高产业基础能力建设，推动实现产业基础高级化转型。要重点选择工业母机、高端芯片、核心软件、航空发动机等产业薄弱环节组织上下游企业技术合作攻关。立足中国当前现有的产业规模，在产业链条较长、规模生产优势明显、响应速度要求较高等领域精耕细作，壮大优势产业链供应链。在科研攻关方面，通过在基础研究上进行理论攻关，提升核心技术创新能力，从根本上保证国家战略需求和供应链安全，使中国经济在参与国际大循环过程中始终有坚强保证，进而立足于不败之地。

第二，要将调整优化产业链供应链布局作为优化发展国际大循环的核心抓手。在调整优化产业链供应链布局方面，要利用好新时代中国新型举国体制，系统谋划重点领域的重大项目、产业链、供应链布局。重点发展与当前发达国家接轨的数字经济、互联网经济，重视产业技术变革，在芯片、机器人、航空航天、绿色能源、生物医药等方面形成国际核心竞争力。以一种更为稳健的姿态参与到全球新一轮的资源配置之中，吸引全球资源要素围绕中国市场进行配置，形成参与国际经济合作和竞争新优势。

三、促进形成国内国际双循环发展格局

构建国内国际双循环相互促进的新发展格局，是以习近平同志为核心的党中央立足于国内国际发展大势，在科学把握经济发展运行规律的基础上做出的重要战略研判。在学界看来，构建新发展格局应以扩大内需为战略基点，以重塑价值链为主攻方向，以高水平对外开放为实现路径。事实上，习近平总书记早在浙江工作时期，就高瞻远瞩地提出了统筹内源发展和对外开放两个大局，充分利用国际国内的“两个市场”的战略思想。就当前我国发展面临的现实形势来看，构建新发展格局的发展命题显得更加迫切。加快构建新发展格局，关键是要利用好“两个市场”，正确处理好国内循环和国际循环的辩证关系。总体来看，“两个循环”相互交融、相互促进。其中，国内循环不能孤立国际循环，要在融入国际循环的过程中保持自身的独立性；国际循环不能脱离国内循环，要在开拓国际市场的过程中为国内循环的高质量、高水平发展提供动力支撑。也正是在这个意义上，党的十九届五中全会提出了“以国内大循环为主体，国内国际双循环相互促进”的新发展格局。具体来说，就要以国内循环为主攻方向，以扩大内需为战略基点，以产业链和供应链为核心重点，通过高质量供给培育完整内需体系，在兼

顾效率与安全的前提下深度融入国际循环，以强大的国内市场保稳定，以庞大的国际市场保红利，实现国内国际“双循环”一体发力。加快构建新发展格局的重大战略部署为我国在今后很长一段时间统筹国内国际两个大局指明了工作重心，为全面建成小康社会后的经济动力变革，进一步解决社会主要矛盾提供了宏观的战略发力方向。

第三节 经济的可持续发展

传统经济管理更加看重自然资源管理和社会资源管理，但是现代经济管理的对象和内容都得到了拓展，更加看重经济的可持续发展，更加注重经济管理的质量与能效。

一、绿色经济发展模式

一定意义上，绿色经济发展模式是对传统经济发展模式的变革。传统经济发展模式作为一种粗放型、工业化的模式，其呈现出对自然资源的高消耗、对污染物的高排放、对环境的高污染的态势。其促进经济高速发展的同时，环境负荷不断增加。绿色经济发展模式主张对传统的经济发展模式的弊端进行改进和克服，强调生态与经济的协调发展，注重生态在两者之间的重要性。这种发展模式要求对原有产业、企业进行绿色转型升级，并大力发展新兴生态产业，构造良好的社会环境，从而促进绿色经济模式的运行和发展，力求人与自然的和谐共处、经济与生态的协同发展。

绿色经济发展模式作为一种可持续的、合理的发展模式，注重社会经济的生态化发展，使经济、社会、生态三者高度协调，寻求对我国生态环境伤害最小的经济发展途径和手段，保护我国的绿水青山。这种发展模式必将为我国生态文明建设贡献重大力量，为我国的长效发展起到不可估量的作用。

二、马克思生态思想对绿色经济发展的理论启示

“坚持人与自然的和谐共生”是绿色发展的主要内容，绿色经济则是绿色发展最重要和最为基础的一环。绿色经济是以效率、和谐、持续为发展目标，以生态农业、循环工业和持续服务产业为基本内容的经济结构、增长方式和社会形

态。在一定意义上，绿色属于自然的“原始”状态，即“自在自然”，是没有受到人类影响和作用的原始自然状态。然而，人类想要谋求生存和发展，只能从人类“无机的身体”中获取生产生活资料。自然也由此受到人类实践的作用，不再是单纯的“自在自然”，转化为有着人类生产、生活痕迹的“人化自然”。我们生存于自然界，在自然环境中寻求经济发展，要做到对自然的维护。自然哺育人类，人类尊重、保护自然，人与自然是一种共生共存、可持续发展的关系。

马克思在论述其生态思想的过程中，提出了物质循环利用及可持续发展的思想，这与绿色经济的理念极其吻合，从而为绿色经济的发展提供了指导，为人与自然和谐共处提供了理论根基。马克思认为，无论是“自在自然”还是“人化自然”，都不以人的意志为转移，人类实践活动必须遵循自然规律，才能达到合理利用自然、改变自然的目的。人类的一切活动都在生物圈中进行，人类的生产、生存活动与生态有着内在联系。这揭示了人只有与自然和谐相处，才能获得更长远的经济利益。

我国绿色经济的迅速发展离不开技术的支持与创新。科学技术作为第一生产力，推动着我国的经济模式进行转型升级，对我国绿色经济的发展起着重要作用。如何在绿色经济发展过程中，合理地运用科学技术，需要一定的理论支持。马克思生态思想在其中有着不可忽视的作用。

马克思有着对科技的论述和见解，其中蕴含着生态技术思想。在他看来，科学技术的合理、有效应用，能够促进生产、生活废物的再度使用和合理归置。“把生产过程和消费过程中的废料投回到再生产过程的循环中去，从而无须预先支出资本，就能创造新的资本材料。”马克思认为，依靠科学技术对工业废物进行二次加工和利用，是一种节约资源和避免浪费的有效途径，促进了循环经济、可持续经济的发展。他提出的科学技术的使用方式与我们今天所提倡的生态技术是趋于一致的。生态技术的应用提高了资源利用效率，促进了环境保护进程。例如，二氧化碳可以被制作成可再生产品，也可以加工整合成燃料。由此，提高了二氧化碳的利用率，对生态环境起到一定的保护作用。

科学技术的广泛应用，加速了生产方式与生产工艺的改进，提高了劳动生产率和生产资料使用率。马克思列举过这样一个例子，有人利用科学技术发明了一种不损伤羊毛的新工艺，使再生呢绒业迅速崛起，使一向不被利用的废毛得到了充分利用。他肯定了科学技术的重要性，并认为科学技术的应用能够促进生产力发展，从而带动社会经济的发展。马克思的生态技术观不拘泥于他所处的时代，且具有前瞻性。马克思生态思想能为我国绿色技术的发展提供行动指南。我们应大力促进绿色技术的创新与发展，并合理应用于生产、生活中，从而降低原材料和能源的消耗，促进社会经济向生态化经济方向转变。

2012 年的“里约+20”会议上，确定了“绿色经济是实现可持续发展的一个重要工具”。一定意义上，可持续发展作为一种理念，绿色经济则作为使其成为现实的一种实践工具。大力发展绿色经济，是实现可持续发展的一种途径。

可持续发展的社会可以作为一个世代相传的社会而存在。它是一个有着长远目光、有弹性并且不会去破坏支撑它的物质或社会系统的社会。可持续发展理念是新时代背景下，对马克思生态思想的继承和创新，是马克思生态思想结合现代特性的一种体现。由此，马克思生态思想中蕴含着可持续发展的思想，这为可持续发展理念提供了理论支撑。马克思认为，可持续发展的实质是生产力的可持续发展。生产所需要的物质资料来源于自然，因此人类社会的可持续发展要以自然界的可持续发展为前提。人首先是自然存在物，并依存于自然进行发展，人类必须在自身发展的过程中保护自然、尊重自然、善待自然、合理利用自然。以传统粗放型经济为例，这种经济增长方式以满足人类需求为中心，不顾一切地追求高速度的经济发展，在一定程度上促进了经济社会的发展，但也付出了惨痛的代价，出现了环境污染、水源污染、土壤肥力流失、资源枯竭等一系列生态问题，人类社会的可持续发展也因此面临严峻的挑战。因此，必须对原有的、破坏资源环境的发展模式进行转变，可持续发展是我国解决这一问题的必然选择。我们要认识和运用马克思生态思想，大力促进经济可持续发展，使理论与实践有效结合，更好地促进经济社会的发展。①

三、中国绿色经济发展中存在的问题

（一）生态环境破坏严重与环境保护任务繁重

由于人们在生产、生活过程中对环境造成了负面影响，我国的生态系统在各个层面受到了不同程度的损害，环境承载能力已达到极限，经济发展过程中对环境造成的破坏尤为严重。人们的生存环境遭到破坏，健康生存逐渐成为一大问题。重工业及人口密集的城市环境问题更甚，雾霾等空气污染问题已不是偶然。

（二）技术创新存在不足与新能源系统的不完善

技术创新是绿色经济发展的核心所在。近年来，我国的专利申请数量也在不断地提升。2020 年我国的专利申请量居于世界第一，同比增长 16.1%，体现出

① 李义平．需求管理和供给管理——宏观经济管理的两种模式及其理论基础［J］．中国工业经济，1999（12）．

我国在科学技术创新方面进行了不断的努力。虽然我国在技术创新方面取得了一些进展，但是和西方发达国家之间存在着一定差距。就目前情况看，一些高端技术依旧需要借助国外引进，在核心技术方面有所欠缺。

落后的绿色技术以及绿色创新能力的缺乏，阻碍了绿色经济前进的步伐。目前，大多数企业缺乏绿色科技方面的扶持，对绿色技术的了解浅显。绿色技术的研发周期较长，投入资本较大，企业自主完成能力较弱，因此需要一定的资金与技术扶持。在这样的社会条件下，企业普遍缺乏绿色创新动力，很难进行产业转型升级。

除了技术创新存在不足，我国新能源系统不够完善也是需要解决的一大问题。我国对新能源的开发颇为重视，但是长期的经济发展道路决定了目前很难改变依靠煤炭、石油进行经济发展的态势。我国未来的能源消耗仍然以化石能源为主，新能源代替其成为主要能源的道路还很长远。根据专家预测，即使在2050年，我国的煤炭消耗所占比例仍占50%以上。当前，我国关于绿色经济发展的具体措施还在不断地摸索过程中，新能源系统还不够完善，需要不断地进行探索，与其相关的法律制度也不够完善，这都是需要我们不断解决的问题。

（三）绿色发展与经济较快增长期望存在一定冲突

近年来，我国不再一味追求高速度发展，而将目光转向高质量发展模式。但就目前情况来看，中国要推行生态化经济，要大力发展绿色经济，则与经济增长存在一定的矛盾和冲突。

首先，我国社会的不断发展和对文化素养的重视，有助于人民环保意识的逐渐提升。我国在推行绿色经济发展的道路上，通过各种途径和媒介宣传绿色发展的优势，促使文化素养较高的新时代公民转变消费观念，形成良好的社会风尚。

其次，绿色经济的发展为社会提供新的就业机会，有利于解决我国紧张的就业问题，减轻社会压力。但同时，为促进绿色经济向前发展，需要投入的资金庞大，这与经济增长存在着一定冲突。为推行新的经济发展模式，我国必须要对现有的企业、产业进行监督和管理，使其达到绿色发展的要求。在一定程度上，这将阻碍经济的发展。另外，绿色经济发展所提倡使用的新能源、绿色科技，使企业所需的原材料价值升高，投入的资金大幅提升，这样的高投入将会对企业造成不小的影响，甚至导致小规模企业的停工，传统的、依靠消耗化石能源发展的企业也将受到一定的阻碍。这样对部分地区和经济增长存在着一定影响。绿色经济发展模式作为一种可持续的、合理的发展模式，注重社会经济的生态化发展，使经济、社会、生态三者高度协调，寻求对我国生态环境伤害最小的经济发展途径和手段，保护我国的绿水青山。

四、马克思生态思想对中国绿色经济发展的实践启示

在世界绿色改革的浪潮中，我国政府高度重视发展绿色经济，并取得了一定成效。马克思生态思想为绿色经济发展提供了理论支持。从马克思的生态思想中找寻合理的途径和方式，推动绿色经济发展路径的创新和实施，对促进绿色经济发展具有重要意义。

（一）转变经济发展方式，实现高质量发展

1. 制定和完善相应的政策、法规

要从根本上达到经济发展模式的转变，就必须借助相应的政策和法规。国家应建立鼓励和补助政策，如进行退耕还林、退耕还牧等，要给予一定的补助。进行清洁能源产品生产的厂家，应该对其减免税收，以达到促进企业转型升级，从而将经济类型转向高质量发展阶段。

2. 加大新能源的开发力度，促进新能源产业发展

在社会各界高度重视下，中国在新能源技术方面也取得了长足发展，主要通过实施节能减排，以及开发利用太阳能、生物燃料、风电、水电等清洁能源；在如奶茶的塑料吸管、纸杯等方面，让再生能源代替了原有的塑料制品，力图消灭“白色污染”；无轨电车的使用代替了一部分公共汽车；等等。新能源产业的发展也将带动就业，大力发展新能源产业将使就业结构实现调整，带来大量的就业机会，一定程度上实现失业人口的转移，缓解因人口增长带来的就业压力问题。

3. 注重循环经济的发展

目前我国公民文化素养较高，对循环经济进行一定的宣传，从而增强公民环保意识，鼓励和引导公民使用节能、节水等有利于保护环境的产品，达到节约各种生态资源和带动绿色经济发展的效果。

我国改革开放以来的经济主要依靠煤炭、石油等能源来进行发展，体现为粗放型的发展模式，对生态的破坏不容小觑。因此，我国必须要尽快摆脱这种经济发展模式为主要发展手段的局面，对经济发展模式进行转变，注重可持续发展，努力转变成为绿色的经济发展模式。

（二）理性使用技术，加快绿色科技的创新发展

1. 要实现对技术的理性约束

在利用科技追求经济增长的同时，应该考虑到经济与人、自然、社会的协调发展。面对当前技术对生态环境造成的巨大影响，我们应该正确引导科学技术的

应用和发展，在不破坏生态环境的前提下进行运用。

科学技术的应用具有两面性，消极影响和积极影响共存。技术应用究竟是造福人类还是带来生态灾难，关键取决于利用科学技术的主体。我们寻求规范应用科技的尺度，从本质上来说是对应用的主体进行行为规范。目前的科学技术大多应用于军事、政治和经济发展中，在其应用过程中会带来一定的生态破坏。因此，我们应在使用技术的同时，加入对生态环境、资源浪费情况的分析，应该站在更加理性的角度进行技术研发与应用，有效地规避技术产生的负面影响。

2. 高度重视绿色技术创新及其应用的重要作用

绿色产品创新主要指开发利用各种节能材料，减少原材料的使用，并且可利于回收。市场上流行的纸杯、纸袋就体现了绿色产品的创新。绿色意识创新是对企业、公民的创新意识的培养，如对绿色消费意识的培养。绿色技术创新的推广和使用，使企业可以通过绿色技术推行更加生态、健康的生产方式，促进原材料的循环利用，减轻废弃物排放压力，以达到国家所提倡的生产标准。在提高自身经济效益的同时兼顾生态环境的发展，也为自身达到可持续发展提供了重要根基。

加大对可再生能源和高新技术的研发力度，鼓励技术创新，支持新能源、新材料行业发展。相关高新技术、新能源技术和可再生能源技术的快速发展，可以推动绿色经济发展生产过程中的节能减排和废弃物的循环处理。从日本的经验可知，与其在废弃物产生之后再进行循环利用，不如从源头上就进行高效控制，而要做到这些都离不开相关技术的支撑。我们应充分利用生态资源，并根据不同地区的地理特征和经济发展程度，采取不同的发展模式，发掘不同的绿色技术。

（三）制定科学、合理的绿色消费模式

要制定科学、合理的绿色消费模式就要从以下几方面入手：

1. 建立政府主导型的生态消费模式

首先，要明确政府在绿色消费中的责任和义务。中国政府出台了一系列绿色消费政策，如 2011 年底结束的家电以旧换新政策，淘汰了大量高能耗的家电设备；“限塑令”通过对一次性塑料袋实行收费，大量减少了白色污染。政府要借助“看不见的手”，抑制不合理的消费行为。例如，通过建立环境征收补偿制度以限制对稀缺资源的开发与利用。其次，加大对绿色产品的扶持力度。绿色产品的生产成本相对较高，政府应对这些产品的生产原材料给予价格上的优惠，供应商得到了价格上的优惠，进而促进了绿色产品的研发和绿色产业规模的扩大，有利于更多的生产商从事绿色、节能生产，在促进绿色产业发展的同时，为绿色消费营造良好的环境。

2. 加强绿色消费的文化基础

我们应充分发挥文化教育在消费活动中的积极作用，使人民形成绿色消费观。第一，政府应加大对文化教育的投入。传统经济体制下，我国文化教育程度一直偏低，国民素质普遍低下且良莠不齐。近年来我国注重文化教育，在各个领域加大了文化教育资金、设备、技术的投入，国民文化素质逐渐提高，取得了较好的效果。在探索绿色经济发展、建设绿色消费模式的今天，政府应该加强对文化教育的重视。通过文化传输方式促进人们的生态意识、生态理念的普及，以提高人们的生态环保意识，促进绿色消费观念的形成。第二，扩大文化教育场所，深化文化教育知识。目前，中国的文化教育基本都是在学校内进行，主要是对基础知识进行学习。首先，应该对学校内的文化知识进行调整和深化，使其随着社会的发展而具有时代特性，应将生态教育的内容纳入文化教育体系之中，从而为公民生态意识的培养提供知识基础。其次，让文化教育场所“走出去”，不拘泥于设定的文化教育场所，而是走进公民的现实生活中，不搞形式主义，从思想上对公民进行绿色消费的传输。

3. 利用媒介宣传绿色消费理念

我们应在绿色消费理念上进行有力宣传。一方面，在社区、学校等公共场所宣传生态环保的相关知识，给公众普及循环利用的生活技巧，提倡勤俭节约。比如很多商家推行了小盘菜、半份菜，商家可以通过这样的形式节约食材，顾客也能做到不浪费，让节俭和绿色消费成为一种习惯。另一方面，借助媒体宣传，促进生态消费的良好风气。新闻媒体和政府部门应当联合起来，借助公共平台，通过公益广告、纪实纪录片等形式，系统广泛地宣传生态消费理念，增强民众对环境保护行为的认同感。此外，让每一个党员在生活中起到模范带头作用，征集广大人民群众关于绿色消费和环境保护的意见，善用多媒体进行宣传，广泛调动人们的积极性。

（四）完善绿色经济发展体制机制

近年来，我国绿色经济有较快的发展，在实践中也取得了一定经验，并制定了一些相关的法规，如《中华人民共和国清洁生产促进法》。但总体来看，我国绿色经济发展尚处于初步阶段，在法律法规的制定上也有所欠缺。因此，我们要补齐相应短板，促进绿色体制机制的合理构建。

一方面，要不断健全环境法律体系。2009 年 1 月《中华人民共和国循环经济促进法》正式实施，促进了中国循环经济可持续发展。2010 年 4 月修订的《中华人民共和国可再生能源法》明确了中国将设立可再生能源发展基金，为可再生能源的发展构筑“绿色通道”。这些都体现出我国在法律体系上不断完善和发展，并取得了很大成效。但随着时间的推移，许多法律规定已经滞后，同时还存在着众多的法律空白。对此，政府应大力推进立法进程，修改和完善现有绿色法律体系，从多方面为绿色经济发展制定相关政策，以达到为绿色经济发展铺路。另一方面，要健全环境执法制度。要加大对环境污染者的处罚力度和处罚成本，严格执行相关法律政策，并禁止存在阻碍执行绿色经济发展相关制度的情形，促使环境执法制度逐步走向完善。另外，相关规章制度的实施和执行应当是透明的，执法者应该严格按照规章制度办事，相关制度应该对公众进行有效普及，使公民和社会能够进行合理有效的监督。同时，要健全自然资源资产产权。建立健全的自然资源资产产权，使自然资源所有者在利用资源获得效益的同时，承担起相应的责任。这对减少自然资源的过度开发、促进生态化经济发展具有一定的积极意义。

要构建和健全生态补偿机制和奖惩机制。建立补偿机制和奖励机制，有利于促进我国绿色经济的发展，进一步为建设中国特色社会主义生态文明提供完善的法治环境。同时，要组建专门的机构和部门，形成优秀的组织和队伍，从而加强对绿色经济相关法律法规的贯彻和落实。专业环境保护机构的建立可以打破环境保护机构的局限性，使其机构发挥出系统性、全方位的作用。还要完善对企业绿色发展的监管制度。政府及社会各部门推进绿色发展进程的同时，企业所发挥的作用也占据一定席位。我国相关法律的颁布都为新能源企业和产业开辟了道路。企业在受益的过程中，应该严格遵守各项规章制度。在企业自觉遵守的同时，执行机构也应该加大对其监管力度，可采取技术手段，做到远程监管，并定期进行考察，使企业形成自觉性。

在绿色经济发展中，市场机制与制度建设共同作用，才能真正促进我国绿色经济向前发展。通过政府的引导和市场的推进，加快制度建设，促进绿色经济的逐步发展，达到经济社会的可持续发展。

第四节　经济管理现代化

一、经济管理现代化发展存在的问题

（一）高等教育中的问题

随着社会变革和高等教育大众化的深入，高等教育管理学在其发展进程中也

逐步暴露了其自身缺陷，主要体现在以下几个方面：

1. 理论与实践无法紧密结合

如何处理理论与实践之间的关系是我国高等教育管理学在发展过程中一直面对的问题。对于这个问题实践工作者和理论工作者分别持有不同的态度：前者认为理论在学校的管理工作中没有实用性，从而轻视理论；后者则强调理论的主导地位，认为理论可以实现教育决策的科学化，因此实践应该服从理论的指导。这两种观点虽对立但现实也确实如此，对于一些管理工作中遇到的难题，有许多理论研究者因为没有将理论根植于实践背景之中，从而无法运用合适的理论来解决现实问题，导致很多理论都是浮于表面，用抽象的价值判断来取代具体的事实。哈尔品也曾在《教育行政学》中指出有部分教育管理的书籍尽是无用的废话。

2. 学科理论概括性不强，学科体系缺乏规范性

我国的高等教育管理学还没有形成系统完整的概念。通过对高等教育管理学著作进行分析，发现大部分著作并没有准确地界定高等教育管理学的概念，而更倾向于日常语言化的描述，充满了如万能公式般“管理需要有计划、科学、合理的特性”等标签化术语，使理论无法得到大众认可。这导致了不同研究者对同一概念有不同的见解，甚至同一个研究者在其著作或文章中也混淆不清，而使有关高等教育管理学的理论无法深入，也使相关研究没有统一的立论基础。所以综观高等教育管理学体系还处于一种缺乏规律的状态。总结前文所统计的高等教育管理学著作，高等教育管理学体系经历了单一式向并行式再向现在的问题中心式转变的过程。但事实上这些体系都存在一定缺陷，并行式的各体系中因素间的逻辑性不强，而问题中心式体系则随意性太强。因此如何形成严谨统一的高等教育管理学概念，如何找到能够被认可的逻辑起点都是高等教育管理学在发展中应该认真思考的问题。

基本概念、理论和原理是一门学科发展和完善的核心，当前我国高等教育管理学中的基本概念、理论和原理基本都受到了凯洛夫教育学思想的极大影响。因此，对高等教育管理学的调整是非常艰巨的任务，最关键的部分一旦调整完成，就代表了高等教育管理学体系的诞生。

（二）滞后的信息建设

当前经济管理阶段存在着信息建设滞后的普遍问题，主要原因是：①信息技术利用效率低下，信息技术在经济管理中的效益利用不足，因此信息失真问题依然存在；②经济管理中的信息处理依赖于信息技术的应用，无法对信息进行准确分类；③信息技术的下降阻碍了经济管理现代化的质量和效率。

（三）团队管理质量低下

分析经济管理团队目前的专业知识可以发现，其相对较缺乏实用的专门知识和理论知识，一些管理人员在经济管理期间无法对管理问题进行准确的分析，或者只能对实际能力进行部分静态分析，一些管理人员在没有进行准确分析和考虑的情况下无法有效地解决问题，而只能根据自己的经验作出正确的选择。这些问题的存在导致了经济管理缺乏专业精神，影响了经济管理的效率。

（四）管理制度不足

健全的管理制度是经济管理现代化的主要组成部分，但在大多数经济管理制度中仍然存在一些缺陷和问题。例如，如果由于系统和复杂的经济管理而导致经济管理体制的工作分工不足，经济管理就必须通过分层结构进行全面管理，但由于一些管理系统的职责划分不正确，因此经济管理系统无法做到全面落实与完善。

二、对策建议

（一）学科研究方法还需创新

瞿保荃先生曾提出："在我们的教育系统中，研究方法一般有实证研究、解释研究、规范研究、意识形态批判等类型。"总体来看可归为思辨研究和实证研究两类。通过对现有研究的分析，我国高等教育管理学的研究虽然也在逐步应用实证研究，但相较而言，仍是思辨研究中的规范研究占了大部分比例。若一门学科单一地被一种研究方法所"覆盖"，那必然会使这门学科的发展滞缓。同样地，如果高等教育管理学学科只是纯粹的思辨，则会间接地使管理理论与实践无法紧密结合。近几年借鉴了不少其他学科的研究方法，但由于借鉴的整个过程还缺乏系统性，所以并没有促成高等教育管理学研究方法的根本改变。

随着高等教育管理学研究的深入，高等教育管理学的研究对象也逐渐复杂化，从这个特性出发，可以在尝试学习如数学建模法和模拟法等新方法的同时，将多类型的研究方法进行组合。也就是说对于某一问题的研究可以不局限于只使用一种方法，而可以多种方法交叉使用。这不仅可以实现研究方法的结构优化，还可以在一定程度上促进我们对繁杂的高等教育管理活动的本质和规律有更好的理解。这对于阐述高等教育管理学的内外规律都可以起到很大的推动作用。

（二）建立现代专业管理小组

建立专业管理小组是现代化经济管理的必要条件。虽然当前的大多数管理任务已经是计算机化和网络化的，但不能忽视员工的作用。关于现代职业管理集团，其结构有两个方面，即专业理论和新思想建设。专业精神的主要目的是提高管理人员的素质和基本水平，使他们对管理过程有更专业的了解，而设计的主要目的是提高工作人员的标准化。运营和管理人员培训的主要目的是通过提高操作的自动化程度和灵活性来改进管理流程中的操作。

（三）积极利用新技术改善信息管理

现代社会是数字通信、互联网和高新技术的广泛应用的现状。因此，我们应该在今天的经济管理中充分利用它们。信息技术的使用可以促进信息的经济管理，而数字处理技术的使用可以通过更高效和科学地处理经济数据来提高数据处理的质量。在整个管理过程中使用通信和网络技术不仅提高了数据流的效率，而且简化了数据的存储和管理，从而消除了传统的时间和空间限制。总之，利用现代经济管理方法和现代技术的优势更加明显，当今低成本联网和计算机化的好处也更加明显。①

（四）确保经济管理随着时间的推移而变化

经济管理不能保持稳定，因此，经济管理必须注重其在不断变化的社会环境中创新。一方面，必须强调概念创新，因为概念创新将使经济管理与国家经济发展思路相一致。另一方面，重视创新方法和技术以及有效利用新的社会技术对于促进自身发展也很重要。创新是经济治理可持续发展和持续发展经济管理的动力。因此，在经济管理现代化的过程中，提高创新意识对于扩大经济进步的空间至关重要。

① 郝身永，那艺．更加关注供给侧的宏观经济管理［J］．当代经济管理，2015（4）．

第七章　农业经济管理理论与发展研究

经过多年持续不断的努力，我国的农业、农民、农村问题已经迈向了新的发展阶段。当前我国农业发展过程中存在的主要矛盾，不再是之前的总量不足的矛盾，而变化为目前的结构性矛盾，供求不均衡的矛盾一直存在。

进入 21 世纪，每年的中央一号文件都是关于“三农”的问题，由此可见我党对于“三农”问题的重视。实现农业的现代化发展对于我国来说刻不容缓，目前我国虽然是农业大国，但是离农业强国还有一定的差距。

农业是国民经济的基础产业，对中国这样一个人口巨大的发展中国家尤为重要。它不仅关系粮食安全问题，也关系到广大农民的民生问题，还直接影响着宏观经济目标的实现。在中国经济处于“新常态”、面临诸多新挑战的情况下，研究农业经济管理问题以及如何有效平衡推进农业现代化与经济的中高速增长的关联性问题具有非常重要的现实意义。

第一节　古典经济学中的农业思想

一、农业的地位和作用

在不同性质的国家，针对不同的历史时期，农业所涉及的问题研究又存在差异，并不完全相同。在一些发达国家，农业既包括农业前部门，又包括农业后部门，农业的前部门主要为农业生产提供物质生产资料，而农业后部门主要负责农产品的加工与销售环节。我国农业通常有两种划分方法，即广义农业与狭义农业，前者指种植业，后者指农、林、牧、副、渔五业。随着农业生产力水平的不断提高以及科学技术的发展，农业生产的内容和范围还会发生新的变化。

在对一国的产业研究中，要想成为基础产业，必须具备以下三个条件：其一，必须能产生基本的物质资料；其二，它的生产品必须为人类生活不可或缺，为人类的生存提供保证；其三，它的存在是其他部门以及其他产业发展的基础。农业部门之所以成为了基础产业，就是具备以上条件。

农业部门的特殊性并不会因为社会性质的改变而不复存在，更不会因为制度的改变而消失，也不会因为在国民经济中的占比减少而消失。随着社会生产力发展水平的提高，农业部门对社会的贡献率虽然在降低，但是农业的重要程度却并没有降低，是任何国家都尤为重视的、依然被看作是经济发展的基础产业。

二、农业与人口的关系

在早期资本主义发展时期，无论是英国还是法国或是其他西方国家，几乎都认为人口的增长会增加社会财富，都鼓励人口的增长。后来逐渐出现了一些抑制人口的经济思想，如马尔萨斯的《人口论》对这一理论产生了极大的挑战。

（一）配第的财富与人口理论

配第（1662）认为劳动能创造财富，从这一角度来看待财富与人口的关系，他认为人口一旦增长，劳动就会增长，财富必然就会增长。因此，财富与人口的增长呈正相关关系，人口越多，财富也就越多。配第的这一理论与英国当时的情况有关，英国当时处于资本主义发展的初期，由于手工业的迅速发展，大批农村劳动者离开农业生产来从事手工业的生产，手工业的劳动力仍然匮乏，所以配第鼓励人口增长，通过人口的增长来增加社会财富。

（二）斯密的人口思想

斯密（1776）认为一个国家繁荣的标志就是人口的增加，人口的迅速增加可以通过两种途径：一是人口的迁入；二是人口的繁殖。充足的劳动报酬，既会增加社会财富，还会促进人口的增长。因此，当劳动报酬较高时，他们会更加勤奋。高工资的劳动者相比低工资的劳动者，会更加勤奋与敏捷。但斯密已经发现了人口的增长是有限度的，人口的增长需要与生活资料成比例。

（三）魁奈的农业与人口理论

魁奈（1758）在对待人口的问题上也是鼓励人口增长，认为人口与农业发展呈正相关关系。农业一旦得到发展，农民的收入就会增加，从而引起人口的增加，人口一旦增加消费就会增加，消费增加又会促进农业经济的发展。魁奈还认为，一个国家的人口需要与该国每年创造出来的财富相适应。

（四）李嘉图的人口理论

李嘉图（1817）根据供求关系分析了人口增加的原因，认为当劳动需求大于供给时，会导致工资提高，从而刺激人口的增长。人口的增长要与资本的积累成正比，即人口的增长要与生产相适应。

李嘉图（1817）反对马尔萨斯关于“先有食物后有人口增长”的观点。他认为，资本的增加导致人口的增加，随之而来的是劳动需求的增加以及工资的上涨，食物的生产只不过是这种需求增加的结果。李嘉图重视的是资本与人口之间的关系，他在巴顿的影响下，看到了资本主义国家纯收入的增加，同时也可能造成人口过剩，因为机器的发明和应用伴随着一部分工人失业，最终导致资本主义过剩人口的形成。

（五）萨伊的人口理论

萨伊（1803）认为，一个国家的总人口总是和它的各种产品的生产总和成比例。所以，除了鼓励和大力发展生产外，什么都不可能永久地增加人口。萨伊还认为，并非人口稠密才是国家繁荣的标志，生活必需品的供给并不会因为人口的增加或减少而发生变化，其相对情况取决于他们所生产的产品的相对数量。

（六）其他古典经济学家的人口理论

西尼尔（1836）认为，制约人口增长的只是精神或者物质上的缺陷。他认为，在不存在干扰因素的情况下，生活资料的增长速度会超过人口的增长速度。乔治·拉姆塞（1836）认为，在不同的国家，自然环境或者特殊的心理状态会限制人口的增长。巴师夏（1850）更强调预防性抑制对人口增长的限制，他认为人都是有智慧的，都会追求完美，厌恶贫困，这些都会促使他们进行预防性限制，使生活资料的增长速度快于人口的增长速度。约翰·斯图亚特·穆勒（1848）对人口增长速度有自己独特的见解，他认为人口增长速度受到两个因素的影响：第一，战争和疾病；第二，因饥饿而死亡或者对于死亡的恐惧而自行节育。

三、农业的生产要素

（一）萨伊的“生产三要素理论”

关于何为生产的问题，萨伊（1803）认为：“所谓的生产过程，不是为了创造物质，而是为了创造效用。创造一切具有效用的物品，也就是创造社会财富。”

所谓生产，就是劳动、资本、自然力这三种要素共同发挥作用的结果，生产出满足人们需要的物质。“生产三要素理论”对资产阶级经济学产生了很大的影响。

（二）约翰·斯图亚特·穆勒关于生产要素的分析

穆勒（1848）认为农业的生产过程，既包括物质形态的变化，也包括地点的改变。所谓农业的生产过程，就是将水、土壤等经过神秘的转变过程，转变成人类所需要的植物产品的复杂过程。

农业的生产要素包括劳动、资本、自然力，劳动和自然力在农业的生产过程中是必不可少的，也是最基础的，而其认为资本本来就是劳动作用的结果，因此，资本对农业的生产过程所发挥的是间接作用。

四、农业的耕种方式

古典经济学家对农业的耕种方式进行了大量的研究，发现大农业具有天生的优势，按照古典经济学的原则，追求利润最大化，主张发展资本主义大农业的耕种方式。

（一）魁奈的租地农场主论

租地农场主是指将在农村中租到的土地，进行农业的生产性活动，最终获得社会财富和丰富的社会资源的一类人。

魁奈（1757）认为耕种方式和条件会决定农业的收入。最常见的耕作方式有两种，即马耕和牛耕。使用马耕的为租地农场主，使用牛耕的为分成租地农场主。富裕的租地农场主用四头马来拉犁的耕作方式进行生产，在生产之前需要巨额投资，除了需要支付种子、马饲料以及其他经费外，还要支付仆人的工资。如果没有富裕的租地农场主，土地所有者为了取得收入，只能将土地租给用牛耕的农民去耕种，从而分得一半土地生产物，这些农民称为分成租地农场主，他们支付的经费较少。

魁奈（1757）认为，由于分成租地农场主的收入较少，在分给土地所有者收入之后，剩余的部分只能够满足自己的需要，也没有能力去改善生产设备，对国家的贡献极少。富裕的租地农场主才是真正意义上的耕种者，他们能够实施大规模的农业耕种过程，并对农业过程后的农产品进行支配与管理，实现价值的增值。所以，富裕的租地农场主具有很强的优势，国家必须保护租地农场主的地位，同时大力推广富裕租地农场主经营，进行资本主义大农业的生产方式。

（二）杜尔哥的农业耕种理论

杜尔哥（1766）认为，随着土地私有制的产生，土地所有者可以自己耕种土地，直接获得土地生产产品，获取直接收入；也可以不亲自耕种自己的土地，以获得收入。最常见的主要有五种方式：第一，雇佣工人来进行耕种。土地所有者可以按日或者按年来雇佣工人进行耕种，自己保留全部农产品，只需要支付给工人工资。土地所有者需要耗费时间、精力指导工人操作，还要监督他们保证不窃取任何产品。第二，由奴隶来进行耕种。奴隶来进行耕种，是暴力的结果。显然，这种观点是错误的。奴隶制曾经很普遍，但这种制度不可能在大型社会中继续实行。第三，转让土地来换取一定数额的报酬。第四，分佃耕制。第五，土地的包租或出租。土地所有者将土地按照一定期限出租给耕种者，耕种者自由耕种、垫付生产费用，只需要每年向土地所有者缴纳固定的租金。这对双方都有好处：土地耕种者会努力劳动，积极耕种，大大提高了土地收入，无论对个人还是社会都是有利的；对于土地所有者，不必承担任何风险，只需要安稳地每年享受租金收入就好。而且租期不过几年，如果土地所有者感觉地租过低，到期时完全可以加租或者转租。

杜尔哥（1766）认为，在上述五种办法中，只有最后一种办法最好。最后一种方法是增加社会财富的最好形式，这种经营方式可以大大增加土地产出，增加社会收入。但是，最后一种经营方式需要富裕的农业经营者，也就是农业资本家，他们可以提供大量的资本以及雇佣工人进行大规模生产，来扩大社会财富。

（三）约翰·斯图亚特·穆勒的农业耕种方式

约翰·斯图亚特·穆勒（1848）认为，农业耕种制度主要包括两种：自耕农制度、分佃农制度。实行自耕农制度的农民，可以完全占有他们生产的农产品。这种制度的优点包括：第一，会促使农民勤劳；第二，有利于对智力的训练，对农产品的占有会促使他们努力学习；第三，自耕农民会节制生育，以免过度繁殖。这种制度唯一的缺点就是，会使土地分割过细。

分佃农制度是指农产品的收入总额在扣除耕作过程中的花销外，剩余的部分由地主和佃农对分。至于地主应该提供什么，佃农需要履行的义务等事项都按照契约的规定执行。这种制度的优点是：佃农比日工劳动者更加关注自己的劳动收入，产量越多分的也越多，但是他们的工作积极性还不如自耕农民。

五、土地报酬递减规律

（一）配第的表述

配第（1672）提出，假如英格兰只居住一个人的话，那么全部土地的收益，就只能满足这一个人的生活需求，但是如果再增加一个人，土地所获得的收益就会再增加一倍，如果再增加两个人，土地的收入就会增加两倍。依次类推，直到达到这些土地所能养活的最多人口为止。配第认为，如果土地是无限的，随着人口的增加，土地的收益将同比例增加。但是当人口增加到一定的程度，土地不能再看成无限的时候，也就是达到土地所能养活的最多人口，人口的增加将不会增加受益，就会出现有些人难以维持的生活。这时，随着人口的增加，土地收益不再是同比例增加，而呈现递减的趋势，这就是土地报酬递减规律。

（二）杜尔哥对土地报酬递减规律的论述

杜尔哥（1768）发现边际报酬存在两个阶段：边际报酬递增、边际报酬递减。很多人对土地边际报酬递减规律提出强烈的反对意见，因为人们以当时的法国统计材料为依据，分析结果显示并不存在边际报酬递减的情况。而杜尔哥却认为，因为当时法国的农业正处于边际报酬递增的阶段。

六、地租理论

（一）配第的地租理论

假定一个人可以依靠自己的双手栽培谷物，同时能够做所有的工作，拥有栽培谷物的种子。配第认为，在他的收入中，扣除了种子以及换取自己的生活需要和别人的部分后，剩下的就是正当地租。

配第（1662）认为，级差地租具有两种形态，他最先对其进行研究。第一种形态是因土地距离市中心的远近程度以及土地肥沃状态的不同而产生的；第二种是由于同一块土地投入的劳动和资本的生产率不同而引起的。土地距离市区越近，土地肥沃程度越高，自然产生的地租越多。投入的劳动和资本越多，地租也会越多。

（二）斯密的地租理论

地租的含义。斯密认为土地作为私有财产，地主会要求劳动者将土地生产出来的产品分给他们一部分，这便是支付给地主的地租。地租会根据土地的肥沃程度以及距离位置而确定。

地租作为使用土地后的报酬，是租地人在考察了土地距离市中心的远近程度以及土地的肥沃状态后等给予土地所有者的最高价格。斯密认为，土地所有者在确定租地合约时，除了够补偿租地人的生产费用外，会设法得到租地人所得的剩余土地生产物的价值。

（三）李嘉图的地租理论

李嘉图（1817）提出，地租是因为使用土地以及土地所创造的产品而支付给地主的一部分农业创造产品。

李嘉图（1817）认为，投在一块土地上的资本增加，会增加地租；资本投入的减少，会降低地租。资本积累会增加地租，相反会减少地租。同时，一国的财富和人口增加，地租将会下降。因为当一国的财富和人口增加时，将伴随着农业技术与设备的改良，会使相同的土地上不需要投入更多的资本，使地租下降。

七、农产品的自由贸易理论

古典经济学认为，自由经济可以高效地进行资源配置，有利于社会财富的增加，将个人的利益与社会利益完美结合起来。古典经济学家认为政府要撤销对农产品自由进出口的限制，以平衡供求关系，稳定农产品价格水平。

（一）布阿吉尔贝尔的谷物自由贸易理论

布阿吉尔贝尔（1706）鼓励谷物的自由贸易，认为通过谷物的自由贸易，可以平衡生产者与消费者之间的利益关系，维持社会的稳定与发展。“农产品生产过剩，价格过分低贱，就必须出卖给外国，这样除了会永远消除那同样有害的毁灭性农产品和饥饿的不幸之外，还可以把以前曾是债权人的外国变为债务人，从而在外关系上改变一国的地位。”禁止谷物的输入和输出都会带来不利的影响，阻止谷物的输出会导致谷物价格低贱，影响农民的收入水平。

（二）魁奈的自由贸易理论

谷物自由输出的好处。通过谷物的出口，可以实现本国农业的复兴，还能稳定谷物的价格，使其保持价格的稳定。谷物输出到邻国，可以实现谷物本身所具有的价值。魁奈（1757）提出，法国的农业高度发达，农产品丰富，所以要防止农产品变成没有价值的东西，并且法国的地理位置为农产品的输出提供了便利条件。对外贸易能够使国内的农产品更值钱，对国家是有利的。

魁奈（1757）认为，在一个自由贸易的市场中，价格不会发生较大幅度的波动，这时的价格是由共同市场决定的。一国的歉收或丰收，不会引起价格较大程度的波动。通过农产品的自由贸易，歉收的国家可以通过进口来调节国内的供求平衡，稳定物价水平。

（三）斯密的谷物自由贸易理论

斯密（1776）提出，谷物的自由贸易流通是防止饥饿的唯一有效办法，没有比自由贸易更好的办法。这充分体现了斯密的自由贸易理念，同时斯密还详细论述了谷物自由输入、输出的好处。

另外，斯密（1776）认为，任何一个国家都不可能生产出它所需要的任何产品，其只需要生产自己擅长的产品，通过自由贸易，向别国交换别国最擅长生产的产品，这样对双方都是有利的。一定要生产自己占绝对优势的产品，因为这个国家生产该产品的成本绝对低于其他国家。

第二节 农业发展理论

一、农业发展理论概述

20世纪50年代初，经济学家提出了以工业为中心的发展战略，普遍认为农民是愚昧无知的，不是新型经济的代表，因而忽略农业，有些国家甚至以牺牲农业来支持工业发展。这一发展战略虽然短时间内实现了较高的工业增长率，但农业发展停滞，农产品供给不足，农村地区的贫困问题未能解决，许多国家甚至出现温饱问题。发展经济学对农业的错误定位，也导致许多发展中国家经济发展走了不少弯路。一个国家如果没有规模庞大而且又快速发展的宏观经济，却只有相对薄弱的农业基础，必将严重阻碍经济的快速发展。因此，一些发展经济学家开始质疑工业化的发展战略，农业在经济增长中的重要地位得到了重新认识。自20世纪60年代中期以来，发展经济学逐渐将研究重点转向发展中国家的农业发展，从而建立了系统的农业发展理论。

二、农业发展理论的历史演进

经济学家大卫·李嘉图在《政治经济与赋税原理》中提出了两个基本假设：第一，农业生产存在收益递减规律；第二，一般情况下工业部门吸收农业部门的剩余劳动力，不会引发该地区工人工资水平的上升。这两个前提条件已经有农业发展和农村剩余劳动力转移的相关内容。

20世纪50年代，“二战”后百业萧条，发展经济学应运而生并逐渐形成体系。当时许多西方经济学家把工业增长等同于经济增长，完全忽视农业作为一个独特的经济部门在整个经济增长及发展中的作用。与其他生产要素相比，欠发达农业地区的劳动边际生产率为零，甚至为负，劳动力相对过剩。因此，传统农业部门在为发展中国家的工业化提供领固定工资的廉价劳动力方面起着关键作用，这种劳动力的转移过程要持续到两个部门的劳动收入大致相等为止。

美国经济学家舒尔茨在20世纪60年代提出著名的改造传统农业理论。他认为传统农业技术停滞的基本特征有四点：一是传统农业技术长期停滞不前，生产要素长期未更新；二是传统农业生产率不高，但生产要素配置效率很高，传统农业没有剩余劳动力；三是传统农业是一种特有的长期停滞发展的均衡；四是传统农业中储蓄率和投资率低下。舒尔茨认为只有引入新的生产要素才可能打破传统农业的长期停滞均衡，传统农业的出路是改造传统农业为高生产率的现代农业。他指出现代农业发展要增加物质资本投入，更要增加人力资本投入。一是引入新技术更新生产要素改造传统农业。二是加大人力资本投入提高农民的知识素养。三是改造传统农业，要采用市场模式，对农民给予经济鼓励，充分调动农民的生产积极性。四是发挥政府干预作用。在经济不发达的国家和地区，新要素市场规模较小，因此需要政府的帮助。

刘易斯的原始二元经济结构理论是一个典型的重工业忽视农业的理论，只强调工业部门的扩张。Hirschman 是新古典主义发展经济学家，他用“联系效应”原理解释了其“不平衡增长”理论，认为优先发展的部门是联系效率高的部门，即价格弹性和产出收入弹性最大的部门。显然，农业在他的理论中不是那个重要的部门，农业仍然属于附属次要部门。此外，普雷维什的“贸易条件恶化”理论也反映了这一观点。这种重工业轻农业、狭义工业化的发展模式对包括中国在内的大多数发展中国家的决策者产生了深刻的影响，使许多欠发达国家盲目追求工业化，忽视了这一时期农业部门的发展，经济发展过程走了不少弯路。

20 世纪五六十年代，对农业的忽视导致了农业剩余的减少，极大地影响了工业的发展。因此，许多发展经济学家开始关注农业在国民经济中的作用。西蒙·库兹涅茨提出他著名的四贡献理论：一是农业部门对国民经济的“产品贡献”；二是农业部门对国民经济的“市场贡献”；三是农业部门对国民经济的“要素贡献”；四是农业部门对国民经济的“外汇贡献”。库兹涅茨仍然是从工业的角度看待农业，但他对农业在工业化中的作用有了更深的认识，所以提倡发展农业，但发展农业只是实现工业化的“工具”，经济发展的目标和核心仍然是工业化。1978 年刘易斯发表了《国际经济秩序的演变》一文，一改过往他把农业部门作为一个经济发展的消极的被动的部门的立场，转而认为农业革命是工业革命的前提，必须先于工业革命或与工业革命同时发生；工业的发展受到农业经济发展的制约，“工业部门的大小是农业生产的函数”。

20 世纪 70 年代，经济发展的目标由早前的国民收入增长转变为收入公平分配和促进经济发展。实现这一目标的前提是农业和农村经济的发展。收入不平等理论主导了发展中国家的发展。农业发展理论有了突破性的演进，认识到发展农业不仅是为工业化提供农业剩余的工具，而且是为农村低收入者提供更多的就业机会和更高收入的途径。如果说农业发展在过去几十年中是工具性质的价值，那么在未来几十年中它将展现自己的内在价值。

20 世纪 70 年代，由于结构主义所倡导的政府主导经济结构升级的产业政策在发展中国家的实践中普遍失败，华盛顿共识逐渐成为发展经济学主流，即新自由主义。学者认为国家经济落后的原因是政府干预过多，过分强调市场的作用，忽视了对经济结构问题及经济结构的变迁问题。林毅夫在前述理论的基础上，总结“二战”以来发展中国家发展的经验与教训，提出了新结构经济学理论。

在西方经济学中，还有一些学者不同意当今发展中国家存在劳动力过剩的观点，即使是在像印度和中国这样的农业人口巨大的发展中国家。他们提出了另外的两部门模型，被称为新古典学派模型。他们认为农村存在剩余劳动力，农业部门人口特别是劳动力的增长将增加农业产出，同理任何农村劳动力的外流都将减少农业产量，人口增长对农业经济发展不是一个完全消极的因素。要使工业顺利发展，必须在农业部门增加投入或引入新的生产要素，确保农业经济的增长速度，满足城镇人口和农民日益增长的消费需求，防止贸易条件转向而影响工业发展；同时否认像中国和印度这样的发展中国家的农村存在剩余劳动力和隐蔽失业。但这显然是不符合我国实际情况的。据胡鞍钢教授测算，1970 年中国农村富余劳动力有 1 亿多，到 1977 年则达到 1.1 亿人左右。但是若为了发展非农产业而实行农业剩余劳动力转移，却完全忽视农业自身的发展也是不当的。因此，新古典主义学派模式强调工农业之间的平衡发展是恰当的，而劳动力剩余模型中为发展非农产业而忽略农业的情况是有深刻历史教训的。农业是经济发展的基础，只有农业发展了，才可能为工业部门提供更多的劳动力。一个国家的工业发展水平取决于农业剩余多少；因此，影响经济长期发展的因素可以概括为人口规模的大小和农业剩余的多少。

三、农业发展理论的内涵

（一）农业是经济增长的基础

农业是唯一能生产粮食的部门，工业品可以有替代品，而粮食则不行，并且粮食还是人类赖以生存的基础。中国人口众多，温饱问题始终是重中之重。鉴于农业部门的规模和重要作用，它必然成为一国经济持续增长的基础。农业经济这一特点对中国、印度等人口基数大的发展中国家来说尤其重要。农业生产受自然资源、环境和生长周期等影响，具有很强的约束力，而且发展中国家通常人口数量大，粮食短缺，失业人数众多。发展农业可以解决发展中国家的粮食短缺问题，满足社会生存发展的基本需要，为工业发展提供农业剩余，此外还具有增加农民收入、减少贫困、安排就业等功能。因此，农业发展本身就是对经济发展的最大贡献。

（二）农业是工业发展的前提条件，工农业应协调发展

在工农业关系上，发展经济学产生之初，多持重工轻农的观点。受20世纪60年代农业发展落后而工业发展停滞的影响，发展经济学家一改过去重工轻农的思想。19世纪末，英国首先开始工业革命，是当时农业生产率最高的国家，其次是美国和西欧。刘易斯以这些国家的经济发展史为依据，得出农业革命先于工业革命或同时发生的结论。约翰·斯顿和梅勒、乔根森、张培刚等学者也都认为，工农业是相互依赖共同发展的。这样工农业互相推动，形成良性循环，农业将成为经济发展的主要推动力。因此，发展中国家在经济起飞过程中，采取工业与农业协调发展战略是恰当的。

（三）工业应为农业服务

发展经济学家缪尔达尔认为，实现工业化对于发展中国家的经济增长是至关重要的。但发展中国家的工业水平非常低，所能够吸收的社会劳动力数量非常有限。而通常大多数发展中国家的待业人数与隐蔽性失业人数非常多，因此发展中国家的农村大量剩余劳动力还是需要农业自身来解决。这里需要强调的是优先发展农业，并不是要减少工业投资，延缓工业化发展速度。发展农业一方面促进了传统农业向现代农业的加速过渡，另一方面又可以为实现工业化提供坚实劳动力、消费市场等要素支持。

（四）农民的经济行为合乎理性

传统观念上，农民愚昧短视，小农意识严重，自然经济思想根深蒂固。他们大多思想守旧，不愿意采用新技术，不愿意冒险，难以接受新的思想观念，与现代化、商业化的发展方向不相适应。舒尔茨反对传统观点，认为农民的经济行为本质上是非常理性的。农民在生产、经营和决策过程中虽然有一些不合理的经济行为，但根源是因为经济、社会等外部环境的恶化，原因并不在农民本身。因此，只要能够在经济政策和经济利益等方面改变农民生产经营活动的外部条件，积极实施促进农业发展的政策措施，使农业生产有良好的经营环境，那么农民必然会改变自身的经济行为，就会完全适应现代商品经济的发展要求。增加人力资本投资的途径主要是指发展农业职业教育和普及科技知识，这样既能提高劳动者的生产经营能力，又能促进就业，还可以增强人们的社会责任感。他们鼓励劳动者自觉为社会发展做出贡献，从而充分发挥人力资本在国民经济中的决定性

作用。

（五）家庭经营是农业生产发展的主要制度基础

发展经济学认为农场越大、效率越高的观点是片面的，并不符合发展中国家的实际情况。农场规模的大小与农业劳动生产率以及投入产出率的高低并不存在必然的因果关系。发展中国家的农业发展应立足于自身条件，大力发展家庭小农场，主要原因包括：①大多数发展中国家人口多，土地少。盲目发展大农场，丰富的人力资源反而得不到充分利用，如此想提高土地的投入产出比反而是不现实的。相反，小型家庭农场可以用更多的劳动力在更小的土地面积上进行有效的集约经营。它不仅可以扩大就业，还可以增加农产品的产量。②大多数发展中国家国民经济基础薄弱，发展资金不足。农业发展的主要动力来自劳动力的不断投入和土地的适度集中。小型家庭农场可以有效地将劳动力和土地等生产要素结合起来，大大增加生产效率。③绿色革命、高产良种等技术对农场规模有中性要求。无论农业生产经营规模大小，绿色革命都可以起到同样的效果，家庭经营的小农场并不排斥先进技术。④家庭经营以家庭成员为主要劳动者，这样的劳动关系可以有效地激发家庭成员的生产积极性与责任心，有利于提高劳动生产效率，这是一般大农场所无法具备的。

发展经济学家对当时西欧、日本、拉丁美洲国家的实证研究表明，家庭小农场在节省资本和充分发挥劳动力的优势方面明显大于大农场。从发达国家的经验看，不同形式的家庭农场经营制度是维系这些国家农业经济运行的基本制度。在美国现有的农场中，约85%的农场由家庭单独经营，10%由合资形式经营，只有5%由公司经营。但后两者的实际运营大部分也是委托家庭运营。日本的农业也是以家庭经营为主，通过农业的合作化来实现现代化。从发达国家的发展经验看，家庭经营农场制度是农业生产最有效、最合理的制度。

（六）土地制度的改革是农业生产发展的必要前提

大多数实现工业化或经济起飞和经济发展的发展中国家，都首先实行土地制度的变革。发展中国家的土地不在耕作者手中这种不合理的农村土地制度造成了这些国家农业长期落后与农民生活贫困。因此发展中国家必须首先进行土地制度改革，及时变革农村土地产权关系，达到“土地归于耕者”或“耕者有其田”的目标，以便为农业发展提供必要的推动力。凡土地改革成功的国家（地区），其经济增长都比较迅速和显著，例如，“二战”后日本、韩国和我国台湾地区的经验表明，土地改革是农业发展以至经济起飞和发展的必要条件。实行土地制度改革，实现“耕者有其田”，将大大鼓舞农民的生产积极性，促进农业的发展，从而推动经济的起飞和发展。虽然不少发展中国家都进行过土地制度改革，但由于改革措施不彻底、不配套，仍然制约着这些发展中国家的农业发展。因此，发展中国家应把农村土地制度的变革与创新，实现“土地归于耕者”或“耕者有其田”作为农业发展的必要前提。

（七）科技进步是农业生产发展的强大推力

发展经济学家研究发现，发达国家与发展中国家其农业生产率的巨大差距主要是在 20 世纪 70 年代后形成的。究其根源，主要是由于发展中国家农业科技水平落后。农业科技可以分为两大类：一类是以代替劳动为主的农业机械技术，另一类则是以提高土地生产效率为主的生物技术。前一类技术主要被像美国这样地多人少的国家所采用。后一类技术即以高产良种为主要内容的绿色革命，更符合多数发展中国家人多地少的基本国情。所以绿色革命在 20 世纪六七十年代被大多数发展中国家推广，大大提高了大多数发展中国家的农业发展水平。因此发展经济学鼓励发展农业科技，具体包括增加农民教育投资和增加农业科研投资，建立多种形式农业科研机构，及时吸收引进世界先进科技成果。这样既可以提高农民的人力资源的附加值，又能够为农业经济发展提供持续的驱动力。

发展经济学家除了提出上述系统的农业发展理论，还提出了许多富有建设性的农业发展政策，主要有土地改革政策、促进技术进步政策、农业的价格补贴政策、增加农业基础设施投资政策、鼓励农业科研政策、农业生产社会化服务政策、协同支农政策等。

四、农业发展理论在中国经济增长中的运用

关于农业发展的主要理论，分别从不同角度阐述了农业发展及其对经济增长的影响。就中国当下的农业发展阶段来讲，本书认为舒尔茨的改造传统农业理论和城乡统筹理论尤为重要，其可以帮助我们理解和回答如何缩小城乡差距、如何协调城乡之间资源配置等问题。接下来本书将从多个视角分析农业发展理论对中国经济增长的借鉴意义。

（一）经济增长应坚持农业在国民经济中的基础地位

农业发展理论认为，粮食是人类赖以生存与发展的基础与前提，而农业是唯一的能生产粮食的产业部门，因此农业具有其他部门所不具有的不可替代性。中国应吸取早期农业发展理论轻视农业导致农业发展停滞的教训，以及新中国成立后中国牺牲农业发展工业，导致农业停滞、整体国民经济几近崩溃的教训。农业发展的定位不是为工业提供要素，不能再把农业作为其他经济部门的附属，而应

把农业、工业和其他非农产业当作统一整体来协调发展。

新中国成立以来的经济实践表明，农村改革发展与我们对农业作为国民经济基础的认识和重视程度有很大关系。近年来，农业发展停滞不前，“三农”问题成为中国社会的重大问题，都与我们对农业基础地位认识的偏差有关。例如满足于土地产权制度的临时性改革，即两权适度分离和家庭承包经营所带来的巨大成就，却忽视了农业生产长期发展驱动力的构建，甚至对“三农”问题视而不见。仅仅因为粮食产量持续增长，农产品供应充足，就认为农业问题已经解决。中国重工轻农的思想根深蒂固，时常会重新显现干扰和影响农业的生产和发展。因此为了保证农业生产的正常运行，必须考虑与重视广大农民的意愿与需求，像每年的中央一号文件那样，切实把农业放在经济发展的重要位置上。在决策制定与实施过程中，合理吸收发展经济学的最新的研究成果，切实加强农业生产在国民经济中的基础地位。

（二）中国经济增长需要努力改变目前的工农和城乡双重二元经济结构

农业与工业以及城市与乡村的双重二元经济结构是中国经济的典型特征，如何改变这种二元经济结构是中国农业发展首要问题。农业部门与工业部门必须协调发展，当工业部门扩张得不到农业部门的支持则必然引起农产品价格上升，农产品价格上升通过传导机制会引起工业品价格上升，继而导致工业生产成本增加从而抑制工业部门的发展。此外，在重视本国农业与工业平衡的同时，还要重视城乡之间的二元结构问题。努力缩小城乡差距，促进城乡协调发展。城乡规划是指政府对城乡经济社会发展的总体规划。政府在制定国民经济和社会发展规划、实施国民收入分配、作出重大经济和社会决策时，应当优先发展农业、农村和农民。

（三）农业和经济增长协调发展则必须改变农产品价格的定价机制

农产品交易价格的不合理，是制约农业发展的长期不利因素，深层次的原因则是资源的不合理配置。中国经济发展过程中曾经用农产品价格的“剪刀差”将更多的资源配置到工业领域以促进工业发展，但影响甚至牺牲农业的发展。因为农业有弱质性特征，应给予农产品一定的价格补贴或其他扶持政策来刺激农民的生产积极性。中国目前已经实行的惠农政策措施，政策效果明显，促进了农业发展，也有力支持了宏观经济的增长。但显而易见的是，中国经济目前在农业和工业之间、城市和乡村之间还存在着巨大的差距，必须进一步加大政策支持力度，努力缩小双重二元经济结构之间的差距，在促进农业发展同时，也维持宏观经济持续增长。

要改变农产品价格的定价机制前提是加强农产品市场机制的形成。古典经济学继承重农主义自然秩序的理念，主张经济自由政策，反对政府对经济活动的过分干预。其认为，经济自由可以高效地配置资源，有益于社会财富的积累，可以实现个人利益与社会利益的和谐统一。

布阿吉尔贝尔鼓励谷物自由贸易，认为通过自由贸易可以实现生产者与消费者之间的平衡关系，维持社会的稳定发展。魁奈阐明了谷物自由贸易的好处，通过进出口贸易，可以维持国内农产品的供求关系，稳定物价水平。李嘉图认为，自由贸易可以使资本与劳动用在最佳地方，会使一国的商品更加丰富，增加所能消费的物品数量与种类，进而增加社会财富积累。

我国的计划经济曾经不能满足人民群众对物质多样化的需求，不能充分实现市场对资源配置的作用。不断完善农产品市场机制，可以充分发挥市场的作用，高效地配置资源，维持国内农产品的供需平衡，维持稳定的农产品价格水平，有利于农民收入水平的提高。同时，农业市场机制的形成，可以增加行业竞争力，激发技术革新，提高农业生产水平，有利于产业结构升级，加快我国农业的现代化发展步伐。

第三节　农业经济管理发展趋势

一、农业经济发展存在的问题

在新的历史时期，要发展壮大农村集体经济，也面临着一些需要认真思考并解决的问题。

（一）自身发展动力不足

随着社会流动性的增强以及国内城乡二元结构的不平衡性，越来越多的农民离开农村进入城市谋求发展，特别是青壮年农民的离开让传统的农村衰落了，出现了大量的“空壳村”，村里只剩下老弱妇孺，这样的村庄就无从谈起农村集体经济。还有部分村庄土地荒废，处于“薄弱”状态，只是单纯依靠传统的农业种植这一发展模式，缺乏发展的内在动力，主要表现为农村集体经济自身创收能力有待提高，自身创新动力不足，在一定程度上阻碍了农村集体经济的进一步发展。

第一，自身创收能力有待提高。在“统”“分”双层经营体制下，农村集体经济中的“集体”成分减少，农民各忙各的，带给集体经济的收入自然少之又少。“截至 2019 年底，全国农村集体账面资产达到 6.5 万亿元，其中非经营性资产 3.4 万亿元，经营性资产 3.1 万亿元。”① 这一数据表明，农村集体经济主要依靠非经营性收入，而非自身创收所得。客观上，现有农村集体经济收入主要是通过租赁和企业征收集体资源的方式，收入来源单一，再加上资源流失，集体基础设施陈旧老化等，农村集体经济发展创收思路不开阔，创收能力不足，导致农村集体经济自身发展动力不足，无法促进农村集体经济稳定有序发展。

第二，创新能力有待进一步发展和完善。农村集体经济创收能力不足，实际上是因为农民创新动力缺乏。创新是发展的源泉和动力。新的历史条件下，虽然农村集体经济发展已经取得了一定的成果，但大多数农村集体经济的发展形式比较单一、发展思路窄、发展形势相对落后，对市场需求判断滞后，长效发展机制无法紧跟社会发展需要，已经不适合新时代“大农业”发展的思想。因此，要发展农村集体经济，就要加大创新力度，打破原有传统的发展模式，探索农村集体经济发展新路径、新模式，做到与时俱进，紧跟农业农村现代化进步的节奏；坚持促进农村集体经济向多元化、创新化的方向发展，提高各个地区农村集体经济发展的活力，为集体经济发展提供源源不断的动力。

（二）区域间发展不平衡

农村集体经济发展的同时也面临着区域间不平衡的问题，主要表现为不同地区间的发展不平衡、城乡间发展差距大以及由此而导致的资源发展不平衡。

第一，地域间发展不平衡。例如，我国东部集体经济发展水平明显高于中西部。最新数据表明“东部地区平均每个村庄集体资产总额为 727.86 万元，而中部只有 44.14 万元，西部为 21.45 万元。2018 年我国农村集体经济总收入达到 49120039.3 万元，其中广东、山东和浙江的农村集体经济总收入分别是 9208891.2 万元、5838557.4 万元、4925737.4 万元。三省农村集体经济占比已经达到总收入的 40.6%。然而西部的青海农村集体经济收入为 94424.3 万元，宁夏为 138000 万元，中部的吉林为 295225.4 万元，青海、宁夏和吉林等省份的集体经济总收入总量才占到纳入全国农村集体经济总收入总计数据的 1.1%。”② 很明显可以看出我国农村集体经济发展存在地区发展不平衡的情况。

第二，城乡间发展不平衡。例如，集体经济发展较好的村庄一般都是一些位置相对较好、交通相对便利、有着自己主打产业的行政村，而那些位置相对偏

①② 沈秋彤．中国农村集体经济高质量发展研究［M］．北京：经济科学出版社，2022.

僻、交通不顺畅、没有自己支柱性产业的村集体经济发展则相差悬殊。距离城乡相对较近的村庄可以享有以上这些便利的条件，而距离城市较远的村庄却不能很好地享有城乡发展的优势，因此，城乡间发展不平衡也是影响农村集体经济发展的重要条件。

第三，资源发展不平衡。农村集体经济的发展有赖于村落所具备的天然资源条件或者技术资源。一些中西部地区的村能够依赖天然的自然资源和优厚的能源优势，来实现自身农村集体经济快速发展。比如，天津毛家峪村以环境优美、适宜度假为优势，通过发展家庭经济、旅游服务，来实现自身的发展。有些村庄借力地域优势，抓住一些技术资源使集体经济发展有了基础。而有些地区却没有“依山傍水”的自然环境发展优势，也缺乏技术资源，造成发展资源的匮乏。因此，资源发展的不平衡同样也是影响农村集体经济发展和规划的重要因素。

（三）经济组织建设不完善

经济组织建设是广大农村在发展中不容忽视的重要内容。农村集体经济组织是建设农村集体经济的重要载体，由于多年来农村集体经济发展式微，经济组织缺乏或者发展不成熟、机构不完善，严重影响了农村集体经济的发展。

第一，一些农村集体经济组织形同虚设。一些村庄虽然有类似农村合作社的集体经济组织，但多数组织都是为建而建，无人管辖，虚有其名，未能很好地体现农村经济组织应发挥的作用。部分农村集体经济组织内部人员配备不足，对农村集体经济组织认识不够，甚至一些地区没有农村集体经济组织，一定程度上阻碍了农村集体经济的发展壮大。

第二，农村集体经济组织运行能力不足，尤其是农村集体经济组织在运行机制、管理监督机制、合作机制等方面有待提高。例如，部分农村基层党组织对农村集体经济相关领域的管理微乎其微，形不成科学的管理体系。少数农村领导集体意识淡薄，在思想上对农村集体经济发展认识不足，导致农村集体组织能力弱化。在实际工作中，对于农村集体经济的管理，要做到各部门各司其职，责任落实到每一位负责人。在发展的过程中，各部门之间要协同合作，紧密衔接，做到集体经济发展中各个环节有序高效的发展。

政府部门为了促进农业蓬勃发展，制定了一系列推动农业改革的措施。但是，由于相关的宣传工作开展不到位，农民专业知识相对匮乏，致使这些政策无法发挥积极作用。从现实情况来看，农业管理方式没有发生太大变动，农业生产仍然保持原有状态，在一定程度上阻碍了农业经济转型发展。

现阶段，农业土地管理制度没有发挥出其应有的价值。例如，土地没有被合理利用，大部分农民为了谋取更多的收入而选择到城市打工，导致农村家里的土地无人经营，土地未得到有效利用。一些农村地区在土地使用上缺乏明确的规定，土地流转受到多方面的牵扯，私自霸占土地的现象仍旧存在。这些问题没有得到妥善处理，导致土地资源得不到优化配置，农民收入无法得到有效提升，进而制约了农业经济发展。

（四）没有有效利用新技术

整体来看，农业生产的各项技术转型升级需要经历较长的时间，无法满足现代化农业发展需求。另外，农民接受新技术的意愿不高，导致当前传统农业仍然占据着主体地位，新兴技术无法在农业发展中发挥作用，农业经济发展相对落后，在一定程度上影响了国民经济发展。

（五）缺少农业领域专业人才

由于农业生产力不足，农村生活条件较差，很多年轻人选择离开农村到城市寻求更好的发展机会，导致农业管理人才缺口较大。尽管现阶段从事农业管理的人员经验丰富，但是缺乏先进的理论知识支撑，依旧不能为农业经济发展带来新出路。

二、农业经济管理发展的对策及建议

（一）适时进行农村土地制度的变革与创新

发展经济学家之所以认为土地制度的改革是农业经济发展的必要前提，主要是针对大多数发展中国家土地制度不合理的状况提出的。理论上来说，我国现行的以土地家庭承包经营制为基础的农村土地产权关系变革是一种不彻底的改革思路，只是当时农民在积贫积弱的农业生产背景下，想出的一个暂时性的过渡制度，尚未构建出适应现代农业发展所必需的、规范化的土地产权制度，难以为现代农业发展提供持久有效的推动力。因此它只是一种迂回的、暂时性的选择，只起到了适应当时经济发展状况的农村土地制度变革的作用，而不具备适应现代农业长远发展、构建新型土地产权制度的改革功能。所以中国现行农村土地制度必须进行适时适度的改革与创新。

（二）完善目前以土地承包经营制为基础的家庭经营模式

发展中国家农业发展的理论与实践以及我国农业几十年来的改革实践都证明，家庭经营是符合发展中国家国情的农业经营形式。在发达国家，家庭经营依然是农业生产最主要的生产经营形式。新中国成立以来的农村改革实践表明，以家庭承包制为基础的家庭经营模式依然是我国目前乃至今后相当长的时期内行之有效的经营形式。因此要提高经营主体素质以适应市场变化和技术发展需要，适度扩大经营规模以适应现代农业发展对经营主体的要求。此外，现代农业经营的思想与观念也要与时俱进，家庭经营的设备、技术等物质条件也要不断更新等。外部优化主要是指根据现行的农业家庭经营的需要和社会整体发展状况，构建强大的社会化、系统化家庭经营外部服务体系，优化农业生产环境，营造良好的政策环境。

（三）促进农业发展要高度重视新技术的作用

依据技术诱导理论，现代农业的发展依赖于农业生产力的不断提高，而农业生产力的提高又依赖于现代农业技术的不断进步。中国的农业生产中剩余劳动力并不是无限的，因此仅依靠转移剩余劳动力促进农业发展显然是不够的。要改变中国传统农业的落后状况，必须通过提高农业的生产效率，促进农业发展而释放出更多农业剩余劳动力，支持工业发展，促进经济增长。根据技术归纳法理论，引入新的生产要素是提高劳动生产率的根本途径。注入新的农业生产要素，如农业机械、化肥、农药、生长素等；将新的现代科学技术如新的种植、养殖技术和软件，融入农业生产；用绿色农业革命改造传统落后的农业生产和管理方式，提供农业生产效率，这将极大地促进农业发展。农业产出的增加也将极大地促进宏观经济增长。

对中国农业发展而言，科技兴农除了推广农业生产集约化，还必须实现农业生产机械化。实现农业生产机械化主要是加大农业投资，推广农业生产集约化主要是改革现有土地制度。这两部分内容在前文中已有分析，这里不再赘述。此外，科技兴农必须以对农民的教育为基础，因为农民是农业生产的主体，只有农民的基本素质提高了，才能成为科技推广与应用所必需的接受载体，否则任何先进的农业科技都不能落实到农业生产中。具体而言，一方面要增加农村教育投资，改善农村教育长期落后的状况；另一方面要加大农业科技投资的支持力度，积极研究开发新的、切实可行的农业应用技术，积极推广先进农业科技在农业生产中的应用途径。另外还必须及时引进吸收国外先进科技，应用到我国的农业生产中去。

（四）加大对农业的投入，加强金融政策支持

根据舒尔茨的改造传统农业理论，资金短缺是农业发展的常态，也是农业发展长期停滞的重要原因，因此政府应该加大对农业的投入，特别要加大对农业基础设施的投入。农业基本建设既是农业发展的前提，也是农业生产率提高、农业生产稳定性的保证。农业基础设施投入包括农村生产生活基础设施、水利灌溉设

施、道路桥梁交通设施、邮电网络通信设施、仓储运输设施、林业草原基础设施等项目的投入。农业基础设施建设由政府实施投资的原因是农业基础设施项目建设周期长，投资规模大，而且无利可图，很少有私人资本愿意投资。还有原因是农民自身不愿意也不可能对这些项目进行投资。不愿意是因为投资收益不能内部化，投资与收益不对应；不可能是因为发展中国家农业自身的积累非常少，根本没有能力凑集规模如此巨大的资本。除加大农业投资外，政府还应加强对农业的金融支持。农业发展长期处于资金短缺状态，而农村还没有形成出像城市那样的现代金融机构和金融市场，农业发展获取资金的渠道有限，所以政府还应给予农业发展以金融支持。具体方式是考虑在农村设立政府直接管理的农业发展银行和信贷机构。其主要作用是通过低息贷款鼓励农民投资农业，积极引进农业高新技术生产方式，不断提高农业生产效率，切实提高农民收入水平。

中国政府近年来加大了农业的投资力度，中国也已经设立了农业发展银行。但农业发展银行的分支机构并没有深入到急需资金的农村，农民获取资金的渠道仍然受限。诺贝尔和平奖获得者、孟加拉国经济学教授穆罕默德·尤努斯发展了“小额贷款”和“小额金融”的理论和实践，创建了孟加拉国格拉明银行（Grameen Bank），给贫穷而无法获得传统银行贷款的创业者贷款。为确保还款，银行采用“团结小组”制度。这些非正式团体一起申请贷款，团体成员共同为还款提供担保，相互支持，努力改善彼此的经济状况。成立以来已有很多人受惠于这项计划，目前已经在 23 个国家中开展这种微型贷款模式，减贫效果显著。格拉明银行的成功经验激励了世界上很多发展中国家，甚至包括美国在内的一些发达国家，并演化出了更多的成功经验。其中许多小型贷款计划倾向于女性，不仅起到了发展中国家急需的减贫功能，还支持了女权运动的发展。中国可以借鉴格拉明银行的经验，使用政策税收等手段支持设立类似于中国农业发展银行但经营规模更小的金融主体，或改变或增加传统金融主体的经营方式，加大对农业发展的资金支持力度，帮助在传统融资渠道受限的农民获得为发展农业生产更多的资金。

（五）加大对农民人力资源的支持力度

根据舒尔茨的人力资本理论，农民处于农业生产中的核心地位，传统农业的落后和农民文化素质低下是分不开的。舒尔茨认为传统农业的农民其贫困原因就在于缺乏先进的生产技术以及人力资本，正是由于缺乏物质资本以及人力资本，才使传统农业的收益率低下，经济长期处于停滞状况。要想将传统的农业改造成为现代农业，他提出了要加强人力资本投资，人力资本投资是农业现代化的关键所在。

农业生产者要满足 90%以上居民的基本生存需求，就必须具有很高的文化素养，不断提高他们的生产能力。缺乏适合农民需求的技术、农民获取新技术不畅、采用新技术风险高，都是传统农业技术发展停滞不前的原因。现代农业的发展要求农民有接受新技术的意愿和能力，这与农民的知识水平有关。

所以，中国要发展现代农业并促进经济增长，就要重视农民的人力资本投入和开发，加大产出率较高的普及教育的资金投入。政府不能因农民教育投资的滞后效应而忽视对农民人力资本的开发。农业现代化还是要依靠农民自己来实现。在我国广大农村，农民的职业教育几乎处于空白状态，新的农业生产技术不能及时应用到农业生产中去。随着现代农业的发展，由目前职业素养较低的农民来完成农业现代化的历史使命，显然是不现实的。因此，政府必须加大对农民人力资本的投资，培养出高素质、适应现代化发展的职业农民。

加大对农业部门的投资，既包括物质资本投资，还包括人力资本投资。魁奈主张保护富裕的农场主，富裕的农场主相比小农的生产方式，具有充裕的资本，能够进行大规模的农业生产，还能积极地改进农业生产设备，生产更多的“纯产品”，创造更多的社会财富。杜尔哥支持富裕的农场主包租土地进行农业生产，因为他们可以提供大量的资本来进行农业生产，扩大社会财富。古典经济学家都主张保护富裕的租地农场主，因为他们可以为大规模的农业生产提供充足的资金，由此增加社会财富。

随着经济的快速发展，农业虽然对国民经济的贡献程度越来越低，但是农业的重要地位却丝毫没有减弱。由于农业关乎民生，关乎社会的稳定，我国政府在2006年取消了农业税，每年对农业的投资力度越来越大，但是投资的效率却不高。目前，需要进一步加强的就是对农业的投资效果进行监管，保证投资用到实处。就目前的中国支农资金，除了常规的农田水利建设资金，其他的投入大多已经进入了边际报酬递减的阶段，未来的支农资金应该更多应用于农业机械化、农业的技术推广、农民的收入补贴、农业生产经营贷款补贴等方面。

我国作为农业大国，在农业研究方面的力度相对较大，还应当加强农业的技术推广工作，将农业研究结果推广到全国，真正发挥研究成果的效用。我国人才众多，但是真正进行农业生产的农民普遍素质较低，没有接受过系统的培训，完全是靠经验进行农业生产，靠天吃饭，还有目前农村耕地由于效率低下，存在很多耕地荒废的状况。当前政府的一些土地政策，也是间接激励土地的大规模经营，提高农业的生产率。政府应适当颁布一些政策，支持鼓励高素质的人才从事大规模的农业生产活动，鼓励他们进行高水平的农业生产，从而加快我国农业现代化的进程。

（六）实现农业经济管理信息化，创新多样化发展思路与模式

新时代多样化的发展模式是拓宽农村集体经济的必经之路，可以通过土地、资产、服务等多个因素的整合将原有的分散土地集中起来，扩大土地种植规模和面积，进行统一农作物种植，尝试“一村一品制”来走集约化发展之路，从而实现集体经济的发展壮大。例如，对农产品的种植要实行专人负责制，每个村民负责一个区域内从生产到销售的所有环节，责任落实到个人，使农村集体经济朝着专业化一体化的方向发展；创办股份合作制，成立农民合作社，让农民自身参与到产业化的发展之中，使农业产业化的发展来增加农民的个人收入和集体分红；对于农村集体经济的资产，要重新进行整理与归纳，提高农村资产的使用效率，使村民可以更多受益。同时农村集体经济组织可以对农民合作社生产实行一体化的服务，以服务来创收农村集体经济。这样就能实现从土地、资产、服务等多因素与农村经济实际发展相联系，推动农村一二三产业多元化发展来增加集体经济的收入。

随着互联网的发展，信息技术在众多领域发挥着重要作用，很大程度上改变了原有的生产模式，提高了生产效率。开展农业经济管理工作离不开计算机的辅助支持，借助计算机技术能轻松全面地收集农业方面的相关数据，从而掌控农业市场的实时动向，有利于管理人员获悉市场的实际需求，从而为农业经济发展指明方向。例如，借助计算机技术能将与农业经济相关的数据信息汇总，创建专门的数据库。借助大数据手段能对所收集的信息进行综合分析，从而根据分析结果优化调整相关的农业政策。又如，利用先进的科学技术，推广多种模式联合经营，不仅能实现农业绿色化生产，也能发展农村特色旅游，如此一来，不仅得到了“绿水青山”，也能收获“金山银山”。各个部门可以联合一致谋发展，如村委、企业、科研等相关部门成立科技产业园，用先进的科技推进科技示范田的种植，用前沿的科技成果来指导农业的发展。要发挥新时代网络的作用，运用网络手段加大对农村集体经济组织相关产品、产业的宣传，来帮助农民及时获取信息，做到不同区域之间互通有无，取长补短。

互联网技术的转型升级，促使各行各业的产业结构发生了相应变化。现阶段，在农产品市场中，农村电商的出现给市场提供了新的销售渠道，在一定程度上提升了农产品销量，提高了农民收入。所以，相关政府部门应抓住互联网带来的机遇，利用人们的需求寻找新的消费点，借助现代化技术实现农产品个人消费。或者将农业生产同其他先进技术融合在一起，打造特色农业，给农业产业化发展带来新的生机，从而为促进农业经济发展做出贡献。

除此之外，新时代要进一步突破原有的农民生产合作社、股份制合作社、资源开发型、产业服务型、旅游休闲型等单一模式的局限性，创新农村集体经济发展思路。

（七）实现农业经济管理产业

农业产业化发展离不开农业基础设施的支持。国家为了带动农业经济发展出台了一系列政策，给农业生产提供了后备力量。政府为了妥善处理“三农”问题，积极引导各地区相互合作，有助于推动农业朝着市场化方向转变。政府为农产品研发提供专门的生产基地，实现生产科学化，提高农产品原有的价值，从而进一步拓宽农产品市场。为了有效利用农产品，可以大力推行农产品深加工，实现农产品产业化生产，为农村劳动力提供更多的就业机会，在一定程度上带动农业经济发展。

古典经济学对农业耕种方式进行了研究，认为大农业具有比小农业天生的优势，反对对土地进行分割，认为对土地的分割会阻碍大农业耕种的实现。

魁奈强调要保护富裕的租地农场主，富裕的租地农场主使用马耕的方式进行生产，同时进行大农业的生产方式需要巨大的投入资金，只有富裕的租地农场主具备相应的条件。小农业的生产方式，只能够自给自足，而大农业的生产方式可以创造更多的剩余，还可以改善生产设备，对国家的财富积累具有重要的作用。杜尔哥对常见的五种耕种方式进行了比较研究，认为第五种即土地的包租或出租对增加社会财富最有效，可以大大增加产出，提高社会收入水平。最后一种耕种方式需要富裕的农业资本家，可以提供大量的资本以及雇佣更多的人力进行大规模的农业生产，扩大社会财富。乔治·拉姆塞反对分割土地，认为土地的碎片化会阻碍富裕的农业资本家进行大规模的农业生产，土地的再分割最终会导致野蛮。

曾经的农业合作社严重阻碍了农民的劳动生产积极性，家庭联产承包责任制的问世激发了农民的劳动积极性，发挥了农民的自主性，农民真正实现了当家做主。但是随着社会的发展，要想向现代化农业方向转变，我国政府提出了适度规模经营，相应的土地政策也为其提供了方便，土地可以实行自由流转，就为适度规模经营提供了条件。土地的转租为扩大耕种面积提供了方便，可以实现规模化经营，进行大规模的机械化生产过程，从而提高生产率。随着农业劳动人口向城市转移、劳动人口减少、土地逐步集中，可以扩大农业的经营规模。这既方便实行现代化管理模式，使农产品的研发、生产、加工、销售形成一条产业链，从根本上解决农民的增收问题。

参考文献

[1] Adner R, Kapoor R. Value Creation in Innovation Ecosystems: How the Structure of Technological Interdependence Affects firm Performance in New Technology Generations [J]. Strategic Management Journal, 2010, 31 (3): 306-333.

[2] Afie M Badawy. Open Innovation: The New Imperative for Creating and Profiting from Technology [J]. Journal of Engineering and Technology Management, 2004, 21 (3).

[3] Akcigit, Ufuk, Ates, Sina T. What Happened to the U. S. Business Dynamism? [M]. Social Science Electronic Publishing.

[4] Andrew Crockett. Marrying the micro-and macro-prudential Dimensions offinancial stability [R]. BIS Speeches September, 2000.

[5] Arango C A, Pachn A. The Minimum Wage in Colombia 1984 -2001: Favoring the Middle Class with a Bite on the Poor [J]. Ensayos Sobre Politica Economica, 2007, 25 (55).

[6] Archibugi D, Michie J. The Globalisation of Technology: A New Taxonomy [J]. Cambridge Journal of Economics, 1995, 19 (1).

[7] Belman D, Wolfson P. A Time-series Analysis of Employment, Wages and the Minimum Wage [R]. Unpublished Paper, 1997.

[8] Bergmann B R. Occupational Segregation, Wages and Profits when Employers Discriminate by Race and Sex [J]. E astern Economic Journal, 1974 (1).

[9] Camila Franco, Renan Henrique de Oliveira. Inputs and outputs of innovation: analysis of the BRICS [J]. RAI Revista de Administração e Inovação, 2016, 14 (1).

[10] Charles I, Jones. Paul Romer: Ideas, Nonrivalry, and Endogenous

Growth [J] . The Scandinavian Journal of Economics, 2019, 121 (3): 859–883.

[11] Chrystalla Kapetaniou, Marios Samdanis, Soo Hee Lee. Innovation policies of Cyprus during the global economic crisis: Aligning financial institutions with National Innovation System [J] . Technological Forecasting & Social Change, 2018 (133) .

[12] Coccia M. The Interaction between Public and Private R&D Expenditure and National Productivity [J] . Prometheus, 2011, 29 (2) .

[13] Czarnitzki D, Hussinger K. The Link between R&D Subsidies, R&D Spending and Technological Performance [J] . Social Science Electronic Publishing, 2004.

[14] Dachs B, Ebersberger B, Lööf H. The Innovative Performance of Foreign-owned Enterprises in Small Open Economies [J] . Journal of Technology Transfer, 2008, 33 (4) .

[15] David S A, Taleb H, Scatolini S S, et al. An Exploration into Student Learning Mobility in Higher Education among the Arabian Gulf Cooperation Council Countries [J] . International Journal of Educational Development, 2017 (55): 41–48.

[16] Dirk Czarnitzki, Kornelius Kraft, Susanne Thorwarth. The knowledge production of 'R' and 'D' [J] . Economics Letters, 2009, 105 (1) .

[17] Eleni G, Pierre-Jean B, Julien P. Same but Different? Research and Technology Organizations, Universities and the Innovation Activities of Firms [J] . Research Policy, 2019, 48 (1) .

[18] Fei, J. C. H. , and Gustav Ranis. Development of the Labor Surplus Economy: Theory and Policy [M] . Development of the Labor Surplus Economy: Theory and Policy, 1964.

[19] Follett Mary Parker. The New State: Group Organization and The Solution Of Popular Government [M] . London: Longmans, 1923.

[20] Guellec D, Van P. The impact of public R&D Expenditure on Business R&D [J] . Economics of Innovation and New Technology, 2003, 12 (3) .

[21] Hamid Bouabid, Adèle Paul-Hus, Vincent Larivière. Scientific collaboration and high-technology exchanges among BRICS and G-7 countries [J] . Scientometrics, 2016, 106 (3) .

[22] Hayami, Yujiro, Vernon W. Ruttan. Agricultural Development: An International Perspective [M] . Baltimore, Md/London: The Johns Hopkins Press, 1971: 84–92.

［23］ Hirschman, Albert O. "Unbalanced Growth: An Espousal" Developing the Underdeveloped Countries ［M］. London: Palgrave Macmillan, 1971: 129-141.

［24］ Hospers, Gertjan. Govcrmance in Imnovative Eities and the Importance of Branding ［J］. Inmnovation: Management, Policy & Practicer, 2008 (10): 224-234.

［25］ Intarakumnerd Patarapong, Goto Akira. Role of public research institutes in national innovation systems in industrialized countries: The cases of Fraunhofer, NIST, CSIRO, AIST, and ITRI ［J］. Research Policy, 2018, 47 (7).

［26］ Izabela Popiel, Małgorzata Jabłońska. European Union Regional Policy with Particular Emphasis on the Area of Innovation ［J］. Procedia-Social and Behavioral Sciences, 2014, 150 (C).

［27］ John Hagedoorn, Ning Wang. Is there complementarity or substitutability between internal and external R&D strategies? ［J］. Research Policy, 2012, 41 (6).

［28］ Johnston, Bruce F., John W. Mellor. The Role of Agriculture in Economic Development ［J］. The American Economic Review, 1961, 51 (4): 566-593.

［29］ Jorgenson, Dale W. Surplus Agricultural Labour and the Development of a Dual Economy ［R］. Oxford Economic Papers, 1967: 288-312.

［30］ Jung H J. The Impacts of Science and Technology Policy Interventions on University Research: Evidence from the US National Nanotechnology Initiative ［J］. Research Policy, 2014, 43 (1).

［31］ Kergroach S. National Innovation Policies for Technology Upgrading Through GVCs: A Cross-country Comparison ［J］. Technological Forecasting & Social Change, 2019, 145 (AUG).

［32］ Kevin De Moortel, Thomas Crispeels. International university-university technology transfer: Strategic management framework ［J］. Technological Forecasting & Social Change, 2018 (135)

. ［33］ Kuznets S. Economic Growth and the Contribution of Agriculture: Notes on Measurement ［A］ //1961 Conference, August 19-30, 1961, Cuernavaca, Morelos, Mexico1961 (No. 209625). International Association of Agricultural Economists.

［34］ Lewis, W. Arthur. Economic Development with Unlimited Supplies of Labour ［J］. The Manchester School, 1954, 22 (2): 139-191.

［35］ Lewis, W. Arthur. The Evolution of the International Economic Order

[M] //International Economics Policies and their Theoretical Foundations. Academic Press, 1982: 15-37.

[36] Liu J H, Jiang Z H. The Synergy Theory on Economic Growth: Comparative Study Between China and Developed Countries [M]. 2018.

[37] Liu M, Xu L, Liu L. Wage-Related Labour Standards and FDI in China: Some Survey Findings From Guangdong Province [J]. Pacific Economic Review, 2004, 9 (3).

[38] Mackenna R B J. An Introduction to the Political Economy of Burma by J. S. Furnivall [J]. The Economic Journal, 1932, 42 (165): 102-106.

[39] Matei M M, Aldea A. Ranking National Innovation Systems According to Their Technical Efficiency [J]. Procedia-Social and Behavioral Sciences, 2012, 62 (1).

[40] Matthias Rass, Martin Dumbach, Frank Danzinger 等. Open Innovation and Firm Performance: The Mediating Role of Social Capital [J]. Creativity and Innovation Management, 2013, 22 (2).

[41] Mellor, John Williams. The Economics of Agricultural Development [J]. United Kingdom: Cornell University Press, 1966: 15-74.

[42] Meo S A, Usmani A M, Vohra M S, et al. Impact of GDP, Spending on R&D, Number of Universities and Scientific Journals on Research Publications in Pharmacological Sciences in Middle East [J]. European Review for Medical and Pharmacological Sciences, 2013, 17 (20): 2697-2705.

[43] Mitja Čok. R&D and Economic Growth in Slovenia: A Dynamic General Equilibrium Approach with Endogenous Growth [J]. Panoeconomicus, 2011, 58 (1).

[44] Myrdal, Gunnar. Asian Drama: An Inquiry Into the Poverty of Nations [M]. United Kingdom: Pantheon, 1968: 1486-1674.

[45] Nesli Nazik Ozkan. An Example of Open Innovation: P&G [J]. Procedia-Social and Behavioral Sciences, 2015, 195 (C).

[46] Patnaik J, Bhowmick B. Revisiting Appropriate Technology with Changing Socio-technical Landscape in Emerging Countries [J]. Technology in Society, 2019, 57: 8-19.

[47] Paul A Samuelson. Economics [M]. Mc Graw Hill, 1998.

[48] Ricardo, David. Principles of Political Economy and Taxation [M] . G. Bell and Sons, 1891.

[49] Ruttan, Vernon W. , Yujiro Hayami. Toward a Theory of Induced Institutional Innovation [J] . The Journal of Development Studies, 1984, 20 (4): 203-223.

[50] R. Prebisch. The Economic Development of Latin America and Its Principal Problems (New York: United Nations, 1950) [J] . This Was Reprinted under the Same Title in Economic Bulletin for Latin America, 1962 (7): 1-22.

[51] Schultz, Theodore W. Transforming Traditional Agriculture [M] . United Kingdom: Yale University Press, 1964: 19-26, 124-145.

[52] Serrano R M. Evidence on the Role of Ownership Structure on firms' Innovative Performance [J] . Investigaciones Regionales - Journal of Regional Research, 2009, 15: 231-250.

[53] Spector D. Competition and the Capital-labor Conflict [J] . European Economic Review, 2004, 48 (1) .

[54] Surie G. Creating the Innovation Ecosystem for Renewable Energy via Social Entrepreneurship: Insights from India [J] . Technological Forecasting & Social Change, 2017.

[55] Teitel S. Understanding firm Performance: The Case of Developing Countries' s firms that Compete Internationally in Technologically Advanced Industries [J] . The Journal of Socio-Economics, 2008, 37 (3): 895-906.

[56] Tomohara A, Takii S. Does Globalization Benefit Developing Countries? Effects of FDI on Local Wages [J] . Jourmal of Policy Modeling, 2011, 33 (3) .

[57] Ufuk Akcigit, Sina T. Ates. What Happened to U. S. Business Dynamism? [J] . CEPR Discussion Papers, 2019 (2) .

[58] Walrave B, Talmar M, Podoynitsyna K S, et al. A Multi-level Perspective on Innovation Ecosystems for Path-breaking Innovation [J] . Technological Forecasting & Social Change, 2017.

[59] Wang J, Gunderson M. Minimum Wage Impacts in China: Estimates from a Prespecified R esearch Design, 2000 - 2007 [J] . Contemporary Economic Policy, 2010, 29 (3) .

[60] Weitz R, Applebaum L, Fund T C. From Peasant to Farmer: A Revolutionary Strategy for Development [M] . Columbia University Press, 1971: 179-235.

［61］ Weitz，Raanan. Rural development in a changing world ［M］. Cambridge：MIT Press，1971：16-24.

［62］［奥］A. 阿德勒．理解人性［M］．陈钢等译．贵阳：贵州人民出版社，2004.

［63］［美］E. 博登海默．法理学：法律哲学与法律方法［M］．邓正来译．北京：中国政法大学出版社，2004：384.

［64］［美］J. 史蒂文·奥特，桑德拉·J. 帕克斯，理查德·B. 辛普森．组织行为学经典文献（第三版）［M］．王蔷等译．上海：上海财经大学出版社，2009.

［65］《毛泽东选集》第四卷［M］．北京：人民出版社，1991.

［66］［美］埃德加·沙因．沙因组织心理学［M］．马红宇等译．北京：中国人民大学出版社，2009.

［67］［美］艾里希·弗洛姆．健全的社会［M］．孙恺祥译．上海：上海译文出版社，2011.

［68］安孟，张诚．环境规制是否加剧了工资扭曲［J］．西南民族大学学报（人文社科版），2020（7）.

［69］安孟，张诚．环境规制是否加剧了工资扭曲［J］．西南民族大学学报（人文社科版），2020，41（7）.

［70］［波］奥斯卡·兰格．社会主义经济理论［M］．王宏昌译，北京：中国社会科学出版社，1981.

［71］柏建成，高增安，严翔等．长江经济带科技创新与金融发展互动关系研究［J］．科技进步与对策，2020，37（09）.

［72］［美］彼得·德鲁克．21世纪的管理挑战［M］．朱雁斌译．北京：机械工业出版社，2006.

［73］［美］彼得·德鲁克．创新与企业家精神［M］．蔡文燕译．北京：机械工业出版社，2007.

［74］［美］彼得·德鲁克．动荡时代的管理［M］．姜文波译．北京：机械工业出版社，2006.

［75］［美］彼得·德鲁克．管理：使命、责任、实物（实物篇）［M］．王永贵译．北京：机械工业出版社，2006.

［76］［美］彼得·德鲁克．管理：使命、责任、实物（使命篇）［M］．王永贵译．北京：机械工业出版社，2006.

[77] [美] 彼得·德鲁克. 管理的实践 [M]. 齐若兰译. 北京: 机械工业出版社, 2009.

[78] [美] 彼得·德鲁克. 管理实践 [M]. 毛忠明等译. 上海: 上海译文出版社, 1999.

[79] [美] 彼得·德鲁克. 社会的管理 [M]. 徐大建译. 上海: 上海财经大学出版社, 2003.

[80] [美] 彼得·德鲁克. 卓有成效的管理者 [M]. 许是祥译. 北京: 机械工业出版社, 2005.

[81] [美] 彼得·圣吉. 第五项修炼 (实践篇) [M]. 张兴等译. 北京: 东方出版社, 2002.

[82] 布阿吉尔贝尔. 布阿吉尔贝尔选集 [M]. 北京: 商务印书馆, 1984: 274.

[83] 曹克. 技术的社会批判与马克思对工业革命的哲学审视 [J]. 自然辩证法研究, 2004 (8).

[84] 曹亚军. 要素市场扭曲如何影响了资源配置效率: 企业加成率分布的视角 [J]. 南开经济研究, 2019 (6): 18~36.

[85] [美] 查尔斯·霍顿·库利. 社会过程 [M]. 洪小良等译. 北京: 华夏出版社, 2000.

[86] 陈春明, 刘新华. 供给侧结构性改革背景下东北地区刺造业的创新发展 [J]. 社会科学战线, 2017 (12): 259.

[87] 陈金龙. 新时代制度建设的思维向度 [J], 马克思主义与现实, 2020 (1): 27-32.

[88] 陈劲, 陈钰芬. 开放创新体系与企业技术创新资源配置 [J]. 科研管理, 2006 (03).

[89] 陈劲, 景劲松, 吴沧澜, 等. 中国企业技术创新国际化的模式及其动态演化 [J]. 科学学研究, 2003, 21 (3).

[90] 陈顺亮, 刘春红, 冯丽. 农业经济管理的现状与发展趋势 [J]. 山西农经, 2020 (21).

[91] 程宏燕. 现代工业化初期马克思恩格斯的科技文化思想 [J]. 中国特色社会主义研究, 2012 (6).

[92] 崔永慧. 城乡统筹理论发展述评 [J]. 农村经济与科技, 2008 (3): 5-5.

［93］戴淑芬．管理学教程（第二版）［M］．北京：北京大学出版社，2005.

［94］［美］丹尼尔·A. 雷恩，阿瑟·G. 贝德安．西方管理思想史（第六版）［M］．孙健敏，黄小勇等译．北京：中国人民大学出版社，2013.

［95］［美］德内拉梅多斯，乔根兰德斯等．增长的极限［M］．李涛等译．北京：机械工业出版社，2013：238.

［96］邓小平文选（第3卷）［M］．北京：人民出版社，1993.

［97］邓小平文选（第3卷）［M］．北京：人民出版社，1993.

［98］范德成，王韶华，张伟．低碳经济目标下一次能源消费结构影响因素分析［J］．资源科学，2012（4）：696.

［99］范洪敏，穆怀中．环境规制对城镇二元劳动力就业的影响——基于劳动力市场分割视角［J］．经济理论与经济管理，2017（2）．

［100］费景汉，古斯塔夫·拉尼斯．二十世纪文库劳力剩余经济的发展［M］．北京：华夏出版社，1989：167-201.

［101］费景汉，拉尼斯，王璐．劳动剩余经济的发展：理论与政策［M］．北京：经济科学出版社，1992：157-188.

［102］费景汉等．劳动力剩余经济的发展（中译本）［M］．北京：华夏出版社，1989：6-8.

［103］费孝通．对文化的历史性和社会性的思考［J］．思想战线，2002（2）．

［104］冯继康．发展经济学的农业发展理论及其启示［J］．经济与管理评论，1992（3）：36-40.

［105］［美］弗雷德里克·泰勒．科学管理原理［M］．北京：电子工业出版社，2013.

［106］［美］弗雷德里克森．公共行政的精神［M］．张成福译．北京：中国人民大学出版社，2003：203.

［107］傅立叶选集（第1卷）［M］．北京：商务印书馆，1997：211-213.

［108］冈纳·缪尔达尔．亚洲的戏剧：南亚国家贫困问题研究［M］．北京：商务印书馆，2015：262-276.

［109］高清海．人的“类生命”与“类哲学”［M］．长春：吉林人民出版社，1998.

［110］葛扬，尹紫翔．我国构建“双循环”新发展格局的理论分析［J］．经济问题，2021（4）．

［111］龚唯平．工业化范畴论——对马克思工业化理论的系统研究［M］．北京：经济管理出版社，2001.

［112］龚旭，方新．中国基础研究改革与发展 40 年［J］．科学学研究，2018，36（12）．

［113］郭杰忠．实践和发展：马克思主义生产力理论研究［M］．南昌：江西人民出版社，2008.

［114］郭杰忠．实践和发展：马克思主义生产力理论研究［M］．南昌：江西人民出版社，2008.

［115］郭克莎．中国经济发展进入新常态的理论根据——中国特色社会主义政治经济学的分析视角［J］．经济研究，2016（9）：15.

［116］郭魁清．论习近平《对发展社会主义市场经济再认!》一文的学术贡献［J］．福建论坛，2018（1）：19-26.

［117］郭咸纲．西方管理思想史［M］．北京：经济管理出版社，2004.

［118］郭小聪．政府经济职能与宏观管理［M］．广州：中山大学出版社，1999.

［119］郝身永，那艺．更加关注供给侧的宏观经济管理［J］．当代经济管理，2015（4）．

［120］［美］赫伯特·西蒙．管理决策新科学［M］．李柱流等译．北京：中国社会科学出版社，1982.

［121］［美］赫伯特·西蒙．西蒙选集［M］．黄涛译．北京：首都经济贸易大学出版社，2002.

［122］［美］赫伯特·西蒙．现代决策理论的基石［M］．杨砾等译．北京：北京经济学院出版社，1989.

［123］赫尔，穆尔．金融约束：一个新的分析框架［J］．经济导刊，1997（5）．

［124］［法］亨利·法约尔．工业管理与一般管理［M］．迟力耕等译．北京：机械工业出版社，2007（5）．

［125］［加］亨利·明茨伯格．管理工作的本质［M］．方海萍等译．北京：中国人民大学出版社，2007.

［126］［加］亨利·明茨伯格．明茨伯格论管理［M］．闾佳译．北京：机械工业出版社，2007.

［127］侯伯军．大学—产业合作及其对产业创新绩效的影响研究［D］．合

肥：中国科学技术大学，2019.

［128］胡鞍钢．中国：创新绿色发展［M］．北京：中国人民大学出版社，2012：34.

［129］胡彦鑫，刘娅茹，杨有振．产融结合能否提升企业投资效率？——基于上市公司持股金融机构的经验证据［J］．经济问题，2019（3）：39-46.

［130］黄鲁成，米兰，吴菲菲．国外产业创新生态系统研究现状与趋势分析［J］．科研管理，2019，40（05）．

［131］黄倩，陈朝月，樊霞，等．基础研究政策体系对基础研究投入的动态影响——基于政策执行视角［J］．科学学与科学技术管理，2019，40（1）．

［132］黄守宏．论市场经济条件下农业的基础地位［J］．经济研究，1994（1）：24-30.

［133］黄顺基．历史视域中的科学技术革命与马克思主义的关系［J］．教学与研究，2006（11）．

［134］霍兴花．健全农业经济管理机制推动农村经济发展［J］．商讯，2020（6）．

［135］［美］霍伊米斯格．教育行政学［M］．王家通译．高雄：复文图书出版社，1983：33.

［136］季陶达·约·斯·穆勒及其《政治经济学原理》［M］．天津：南开大学出版社，1989：117.

［137］金晓梅．我国要素价格扭曲程度的测度［J］．经济与管理，2020（4）．

［138］琚旸．经济管理现代化和经济管理发展趋势问题讨［J］．中国商论，2020，8（a）：128.

［139］［美］卡尔·维克．组织社会心理学［M］．贾柠瑞等译．北京：中央人民大学出版社，2009.

［140］康钰溥．新农村建设背景下的农业经济发展趋势及建议［J］．现代农业科技，2020（19）．

［141］［美］克里斯·阿吉里斯．个性与组织［M］．郭旭力等译．北京：中国人民大学出版社，2007.

［142］［美］克利福德·格尔茨．文化的解释［M］．韩莉译．南京：译林出版社，2008.

［143］孔维萍．论生产力范畴现代内涵的界定及其意义［J］．新疆师范大

学学报（哲学社会科学版），2002（4）.

［144］李琮．世界经济学大辞典［M］．北京：经济科学出版社，2000：896.

［145］李宏伟．《资本论》中“机器”概念的革命意义［J］．马克思主义理论学科研究（双月刊），2018（2）.

［146］李继兵．论中国高等教育管理学的发展与完善［J］．黑龙江高教研究，2005（8）：1-4.

［147］李嘉图．李嘉图著作和通信集（第一卷）［M］．北京：商务印书馆，1962：248.

［148］李嘉图．政治经济学及赋税原理（西方经济学圣经译丛）［M］．北京：华夏出版社，2011.

［149］李景治．改革与制度建设相辅相成［J］．学习与探索，2020（10）：50.

［150］李晓娣，张小燕．中国区域创新生态系统共生及其进化研究——基于共生度模型、融合速度特征进化动量模型的实证分析［J］．科学学与科学技术管理，2019，40（4）.

［151］李新男．当前促进企业成为技术创新主体的关键在政府［J］．科学学研究，2012（12）.

［152］李亚飞，周秀芹，姜照华．中国经济双轨制渐进结构改革分析［J］．中国集体经济，2021（5）.

［153］李义平．需求管理和供给管理——宏观经济管理的两种模式及其理论基础［J］．中国工业经济，1999（12）.

［154］李宗正，姚开建，于同申．西方农业经济思绪［M］．北京：中国物资出版社，1996：96.

［155］梁琦，王斯克．最低工资标准、空间溢出与劳动力错配［J］．湖南师范大学社会科学学报，2019（4）.

［156］梁悦凤．“工业4.0”与马克思主义产业观的当代创新［J］．中共福建省委党校学报，2015（8）.

［157］列宁全集（第38卷）［M］．北京：人民出版社，1990.

［158］列宁全集（第41卷）［M］．北京：人民出版社，1990.

［159］列宁选集（第4卷）［M］．北京：人民出版社，2012.

［160］林毅夫，中国经济的发展潜力、新挑战与应对［N］．中华工商时报，2021-03-31（3）.

[161] 林毅夫. 金融创新如何推动高质量发展：新结构经济学的视角 [J]. 新金融评论，2019 (04).

[162] 林毅夫. 西方农业发展基本理论述评 [J]. 农业经济问题，1988 (11)：60-64.

[163] 林毅夫. 新结构经济学：反思经济发展与政策的理论框架 [M]. 北京：北京大学出版社，2012.

[164] 林毅夫. 新结构经济学——重构发展经济学的框架 [J]. 经济学 (季刊)，2011 (1).

[165] 凌学忠，吴贵生，李纪珍. 国家开放创新体系构成要素与国家绩效间关系的实证研究 [J]. 技术经济，2016，35 (04).

[166] 刘大椿. 马克思科技审度的三个焦点 [J]. 天津社会科学，2018 (1).

[167] 刘飞，王德发. 国际 R&D 溢出、国内 R&D 和真实经济增长——基于技术扩散模型的一个实证 [J]. 世界经济研究，2009 (03).

[168] 刘凤朝，孙玉涛，陶艳伟，等. 中国各地区公共科研机构创新能力测度与比较 [J]. 管理评论，2008，20 (2).

[169] 刘贯春，陈登科，丰超. 最低工资标准的资源错配效应及其作用机制分析 [J]. 中国工业经济，2017 (7).

[170] 刘敬鲁. 西方管理哲学 [M]. 北京：人民出版社，2010.

[171] 刘丽萍，王雅林. R&D 投入、专利申请量与中国企业自主创新能力 [J]. 哈尔滨工程大学学报，2011，32 (11).

[172] 刘荣增. 城乡统筹理论的演进与展望 [J]. 郑州大学学报 (哲学社会科学版)，2008 (4)：63-67.

[173] 刘思华. 绿色经济论 [M]. 北京：中国财经经济出版社，2001：3.

[174] 刘伟，陈彦斌. 2020-2035 年中国经济增长与基本实现社会主义现代化 [J]. 中国人民大学学报，2020 (4)：54-68.

[175] 刘熙瑞，马德普. 中国政府职能论 [M]. 北京：学习出版社，2017.

[176] 刘喜波，张雯，侯立白. 现代农业发展的理论体系综述 [J]. 生态经济，2011 (8)：98-102.

[177] 刘义圣，李建建. 发展经济学与中国经济发展策论 [M]. 北京：社会科学文献出版社，2008.

[178] 刘易斯，W. A. 乔依德. 国际经济秩序的演变 [M]. 北京：商务印

书馆，1984：92-147.

［179］刘姻瑛．政治经济学［M］．北京：经济科学出版社，2000：439.

［180］刘云，叶选挺，杨芳娟等．中国国家创新体系国际化政策概念、分类及演进特征——基于政策文本的量化分析［J］．管理世界，2014（12）.

［181］柳卸林，丁雪辰，高雨辰．从创新生态系统看中国如何建成世界科技强国［J］．科学学与科学技术管理，2018（3）.

［182］柳卸林，葛爽．探究20年来中国经济增长创新驱动的内在机制——基于新熊彼特增长理论的视角［J］．科学学与科学技术管理，2018（11）：3-18.

［183］陆保中．农业经济管理的现状与发展趋势分析［J］．财富生活，2020（20）：43-44.

［184］吕鲲．基于生态学视角的产业创新生态系统形成、运行与演化研究［D］．长春：吉林大学，2019.

［185］罗富民，段豫川．论诱导创新推动下的产业发展与农业现代化［J］．农业现代化研究，2010，31（4）：407-410.

［186］罗慧如．大数据时代的宏观经济调控及政策优化［D］．广州：广东财经大学，2016：3.

［187］马尔科姆·吉利斯．发展经济学［M］．北京：经济科学出版社，1989：77.

［188］马尔萨斯．人口原理［M］．北京：商务印书馆，1992.

［189］马克思．资本论（第1卷）［M］．北京：人民出版社，2004：22.

［190］马克思．资本论（第2卷），北京：人民出版社，2004.

［191］马克思．资本论（第3卷）［M］．北京：人民出版社，1975：885.

［192］马克思．资本论（第一卷）［M］．北京：人民出版社，2018.

［193］马克思恩格斯全集（第32卷）［M］．北京：人民出版社，2006.

［194］马克思恩格斯全集（第36卷）［M］．北京：人民出版社，2015.

［195］马克思恩格斯全集（第3卷）［M］．北京：人民出版社，1960：525-536.

［196］马克思恩格斯全集（第46卷）［M］．北京：人民出版社，2003：116.

［197］马克思恩格斯全集（第46卷下）［M］．北京：人民出版社，1980.

［198］马克思恩格斯文集（第1卷）［M］．北京：人民出版社，2009.

［199］马克思恩格斯文集（第2卷）［M］．北京：人民出版社，2009.

［200］马克思恩格斯文集（第 5 卷）［M］. 北京：人民出版社，2009：796-798.

［201］马克思恩格斯文集（第 5 卷）［M］. 北京：人民出版社，2009.

［202］马克思恩格斯选集（第 1 卷）［M］. 北京：人民出版社，1972：9.

［203］马克思恩格斯选集（第 1 卷）［M］. 北京：人民出版社，1995：443.

［204］马克思恩格斯选集（第 2 卷）［M］. 北京：人民出版社，2012：697.

［205］马克思恩格斯选集（第 4 卷）［M］. 北京：人民出版社，2012：580.

［206］马克思主义哲学［M］. 北京：人民出版社，2009.

［207］［德］马克斯·韦伯. 学术与政治［M］. 钱永祥等译. 桂林：广西师范大学出版社，2010（9）.

［208］［美］玛丽·帕克·芙丽特（Fo1lett，M. P.），［英］葆琳·格雷汉姆. 管理学的先知［M］. 向桢译，北京：经济日报出版社，1998.

［209］马双，张劼，朱喜. 最低工资对中国就业和工资水平的影响［J］. 经济研究，2012（5）.

［210］马涛. 经济思想史教程［M］. 上海：复旦大学出版社，2002：178.

［211］迈耶，西尔斯. 发展经济学的先驱［M］. 谭崇台译. 北京：经济科学出版社，1988.

［212］毛泽东文集（第 7 卷）［M］. 北京：人民出版社，1993：205.

［213］梅亮，陈劲，刘洋. 创新生态系统：源起、知识演进和理论框架［J］. 科学学研究，2014，32（12）.

［214］孟捷，李怡乐. 关于劳动力市场分割动因的三种解释——评述与拓展［J］. 当代财经，2012（6）.

［215］聂希斌. 发展经济学的农业发展理论与我国农业［J］. 党校论坛，1991（9）：64-67.

［216］农业部产业政策与法规司课题组. 城乡统筹的阶段性与经验启示——江苏、上海的调查分析［J］. 农业经济问题，2005（10）：6-12.

［217］农业农村部农村合作经济指导司，农业农村部政策与改革司. 中国农村经营管理统计年报［M］. 北京. 中国农业出版社，2019：58-59.

［218］欧文选集（第 2 卷）［M］. 北京：商务印书馆，1997：58-96.

［219］逄锦华. 社会主义市场经济条件下的政府区城统筹探索［N］. 中国改革报，2020-0-17（00）.

［220］配第. 配第经济著作选集（赋税论）［M］. 北京：商务印书馆，

1981：48.

［221］普列汉诺夫哲学著作选集（第3卷）［M］．北京：生活·读书·新知三联书店，1974：158.

［222］［英］齐格蒙·鲍曼．现代性与大屠杀［M］．杨渝东等译．南京：译林出版社，2011（1）．

［223］钱俊生，余谋昌．生态哲学［M］．北京：中央党校出版社，2004：121-122.

［224］乔治·拉姆赛．论财富的分配［M］．北京：商务印书馆，1984：223.

［225］［美］切斯特·I. 巴纳德．经理人员的职能［M］．王永贵译．北京：机械工业出版社，2013（8）．

［226］［美］切斯特·I. 巴纳德．经理人员的职能［M］．王永贵译．北京：机械工业出版社，2013.

［227］秦明，齐晔．环境规制的收入分配效应研究［J］．经济与管理研究，2019（11）：70-81.

［228］秦庆武．统筹城乡发展的内涵与重点［J］．山东农业大学学报（社会科学版），2005（1）：13-16.

［229］萨伊．政治经济学概论［M］．北京：商务印书馆，1963：59.

［230］色诺芬．经济论雅典的收入［M］．张伯健，陆大年译．北京：商务印书馆，1961.

［231］邵敏．包群外资进入是否加剧中国国内工资扭曲：以国有工业企业为例［J］．世界经济，2012（10）．

［232］圣西门选集（第三卷）［M］．北京：商务印书馆，1985：205-238.

［233］时家贤．马克思恩格斯的工业化理论及其当代启示［J］．当代世界与社会主义（双月刊），2011（6）．

［234］斯大林选集（下卷）［M］．北京：人民出版社，1979.

［235］宋锦，李实．中国城乡户籍一元化改革与劳动力职业分布［J］．世界经济，2013（7）．

［236］孙金花，苟晓朦，杜姣．基于Lotka-Volterra模型-Logistic模型高校主导的创新生态系统动态演化研究［J］．科技管理研究，2019，39（1）．

［237］孙婧芳．城市劳动力市场中户籍歧视的变化：农民工的就业与工资［J］．经济研究，2017（8）．

［238］孙文凯，白重恩，谢沛初．户籍制度改革对中国农村劳动力流动的影

响［J］．经济研究，2011（1）．

［239］索颖．系统管理学派［J］．管理科学文摘，2000（6）．

［240］［美］塔尔科特·帕森斯．社会行动的结构［M］．张明德等译．南京：译林出版社，2008.

［241］唐东波．全球化与劳动收入占比：基于劳资议价能力的分析［J］．管理世界，2011（8）．

［242］陶长琪，齐亚伟．R&D投入的影响因素与知识生产函数的应用研究——基于中国区域的面板数据分析［J］．科技管理研究，2008，28（7）．

［243］陶德麟，何萍．探寻马克思主义哲学中国化的历史轨迹［J］．中国社会科学报，2011.

［244］陶德麟，石云霞．马克思主义基本原理概论［M］．武汉：武汉大学出版社，2006.

［245］滕明雨，奉公．提高中国农民科学素质的对策探析［J］．世界农业，2010（12）：77-80.

［246］田超伟，卫兴华．论马克思的生产力理论与中国特色社会主义政治经济学的构建［J］．教学与研究，2017（10）．

［247］统筹城乡发展研究课题组．统筹城乡发展报告（2012）长三角城乡一体化进程［M］．北京：经济科学出版社，2013.

［248］托马斯·孟．英国得自对外贸易的财富［M］．北京：商务印书馆，1981.

［249］万钢．面向科技强国的基础研究［J］．中国基础科学，2017，19（4）：1-8.

［250］王东阳，蒋建平．再论农业是国民经济的基础产业：对中国农业现代化建设理论的思考［J］．农业现代化研究，1994，15（2）：65-71.

［251］王韧．绿色金融、技术创新与绿色政策——基于耦合模型与灰色关联模型的实证分析［J］．金融理论探索，2019（6）．

［252］王慎之．生产力理论史［M］．长春：吉林人民出版社，1988.

［253］王卫东．转型期区域创新体系中的政府职能定位与完善［J］．宁波经济，2009（9）．

［254］王雪丽．我国农业经济管理的现状与发展趋势［J］．商业文化，2020（19）：84-85.

［255］王雪丽．我国农业经济管理的现状与发展趋势［J］．商业文化，

2020（19）.

［256］王英，潘抒灵．马克思科技观对我国工业化道路的启示［J］．安徽工业大学学报（社会科学版），2010（3）.

［257］王元地，杜红平．创新国际化测量研究综述［J］．科技进步与对策，2015（13）.

［258］［美］威廉·A. 哈维兰．文化人类学（第十版）［M］．瞿铁鹏等译．上海：上海社会科学院出版社，2006.

［259］［美］威廉·大内．Z 理论——美国企业怎样迎接日本的挑战［M］．孙耀君译．北京：中国社会科学出版社，1984.

［260］维克多·黄．硅谷生态圈：创新的雨林法则［M］．北京：机械工业出版社，2015.

［261］卫兴华，林岗．马克思主义政治经济学原理［M］．北京：中国人民大学出版社，2003.

［262］魏屹东．当代科技革命与马克思主义［M］．太原：山西科学技术出版社，2003.

［263］吴贾，姚先国，张俊森．城乡户籍歧视是否趋于止步——来自改革进程中的经验证据：1989-201［J］．经济研究，2015（1）.

［264］吴蔚．发展农村职教打造新型农民［J］．教育与职业，2006（13）：71-73.

［265］吴志宏．教育行政学［M］．北京：人民教育出版社，2000：85.

［266］武建龙，于欢欢，黄静，等．创新生态系统研究述评［J］．软科学，2017，31（3）.

［267］西奥多·W. 舒尔茨．改造传统农业［M］．北京：商务印书馆，1987：20-28，143-146.

［268］［奥］西格蒙德·弗洛伊德．弗洛伊德心理哲学［M］．杨韶刚等译．北京：九州出版社，2003.

［269］西尼尔．政治经济学大纲［M］．北京：商务印书馆，1977：205.

［270］郗永勤．政府经济管理［M］．北京：经济科学出版社，2006.

［271］习近平，在中共中央政治局第 23 次集体学习会上的讲话［N］．人民日报，2015-11-25.

［272］习近平．干在实处走在前列［M］．北京：中共中央党校出版社，2018：102.

［273］习近平．坚持和完善中国特色社会主义制度推进国家治理体系和治理能力现代化［J］．求知，2020（2）：4.

［274］习近平．决胜全面建成小康社会　夺取新时代中国特色社会主义伟大胜利——在中国共产党第十九次全国代表大会上的报告［M］．北京：人民出版社，2017：21.

［275］习近平．决胜全面建成小康社会　夺取新时代中国特色社会主义伟大胜利——在中国共产党第十九次全国代表大会上的报告［N］．人民日报，2017-10-28.

［276］习近平．社会主义市场经济和马克思主义经济学的发展与完善［J］．经济学动态，1998（7）：3-6.

［277］习近平．在纪念孔子诞辰2565周年国际学术研讨会暨国际儒学联合公会第五届会员大会开幕会上的讲话［N］．人民日报，2014-09-25.

［278］习近平．在庆祝中国共产党成立95周年大会上的讲话［N］．人民日报，2016-07-02.

［279］习近平关于社会主义经济趣设论述摘编［M］．北京：中央文献出版社，2017：57-58.

［280］冼国明，徐清．劳动力市场扭曲是促进还是抑制了FDI的流入［J］．世界经济，2013（9）．

［281］肖潇．中国劳动力市场分割的形成机制与形态演变研究［M］．北京：人民出版社，2017.

［282］谢申祥，陆毅，蔡熙乾．开放经济体系中劳动者的工资议价能力［J］．中国社会科学，2019（5）．

［283］修改：金浩，李瑞晶，李媛媛．科技金融投入、高新技术产业发展与产业结构优化——基于省际面板数据PVAR模型的实证研究［J］．工业技术经济，2017，36（07）．

［284］修改：王宏起，徐玉莲．科技创新与科技金融协同度模型及其应用研究［J］．中国软科学，2012（06）．

［285］修改：张玉喜，赵丽丽．中国科技金融投入对科技创新的作用效果——基于静态和动态面板数据模型的实证研究［J］．科学学研究，2015，33（02）．

［286］徐静珍，王富强．统筹城乡发展目标及其评价指标体系的建立原则［J］．经济论坛，2004（15）：91-92.

［287］徐康宁．供给侧改革的若干理论问题与政策选择［J］．现代经济探讨，2016（4）：5-9.

［288］续艳霞．农业经济管理的现状与发展趋势的分析［J］．河北农机，2020（8）：23.

［289］［美］亚伯拉罕·马斯洛．马斯洛人本哲学［M］．成明编译．北京：九州出版社，2003.

［290］［美］亚伯拉罕·马斯洛．自我实现的人［M］．许金声等译．北京：生活·读书·新知三联书店，1987年．

［291］亚当·斯密．国富论［M］．郭大力，王亚楠译．北京：商务印书馆，2014.

［292］杨宏伟．马克思主义工业化理论与中国特色工业化道路研究［D］．甘肃：兰州大学，2010.

［293］杨明刚．科学技术是第一生产力的理论与实践［M］．上海：华东化工学院出版社，1992.

［294］杨乔喻．探寻马克思生产力概念生成的原初语境［J］．哲学研究，2013（5）．

［295］杨霞．从微观审慎到宏观审慎的监管变迁研究［D］．武汉大学，2012.

［296］杨向辉，王健，杨静．现代农业的理论溯源与内涵解析——兼论我国现代农业的发展途径［J］．经济研究参考，2017（16）．

［297］杨振兵，张诚．中国工业部门工资扭曲的影响因素研究——基于环境规制的视角［J］．财经研究，2015（9）．

［298］姚恒．论毛泽东群众路线思想的当代价值［J］．中国延安干部学院学报，2014（1）．

［299］姚洋．未来五年，中国经济将发生四大转变［N］．环球时报，2020，11，16（15）．

［300］叶险明．马克思关于工业革命产生的世界历史条件思想及其现代启示［J］．首都师范大学学报（社会科学版），2007（3）．

［301］易信，刘凤良．金融发展、技术创新与产业结构转型——多部门内生增长理论分析框架［J］．管理世界，2015，10.

［302］尹成杰．农业多功能性与推进现代农业建设［J］．农业经济导刊，2007（11）．

[303] 余向华，陈雪娟．中国劳动力市场的户籍分割效应及其变迁——工资差异与机会差异双重视角下的实证研究［J］．经济研究，2012（12）．

[304] 余永定．亚洲金融危机的经验教训与中国宏观经济管理［J］．国际经济评论，2007.

[305] 袁淑敏．农业经济管理的现状与发展趋势分析［J］．黑龙江科技信息，2017（10）．

[306] 袁晓东，罗恺．中国LED封装技术专利丛林测量实证研究［J］．科研管理，2014，35（1）．

[307]［美］约翰·布罗克曼．第三种文化——洞察世界的新途径［M］．吕芳译．北京：中信出版社，2012.

[308]［美］约翰·杜威．人的问题［M］．傅统先译．上海：上海世纪出版集团，2006.

[309]［美］约翰·罗尔斯．正义论［M］．何怀宏等译．北京：中国社会科学出版社，1988.

[310]［美］约翰·罗尔斯．政治自由主义［M］．万俊人译．南京：译林出版社，2000.

[311]［美］约翰·罗尔斯．作为公平的正义——正义新论［M］．姚大志译．上海：三联书店，2002.

[312] 约翰·梅纳德·凯恩斯．就业利息和货币通论［M］．陆梦龙译．北京：中国社会科学出版社，2009.

[313] 约翰·希克斯．价值与资本［M］．薛蕃康译．北京：商务印书馆，1982.

[314] 约瑟夫·熊彼特．经济发展理论［M］．北京：商务印书馆，2000.

[315] 曾国屏，苟尤钊，刘磊．从“创新系统”到“创新生态系统”［J］．科学学研究，2013.

[316] 翟杰全，陈君．资本逻辑支配下的资本主义及其工业化和全球化［J］．北京理工大学学报（社会科学版），2019（9）．

[317]［美］詹姆斯·G. 马奇．决策是如何产生的［M］．王元歌等译．北京：机械工业出版社，2007.

[318] 张化尧，王赐玉．国际技术扩散：基于TFP的多渠道外溢分析［J］．科研管理，2012，33（10）．

[319] 张建民，崔春莹．习近平对马克思工业革命思想的继承与创新

［J］．特区实践与理论，2019（3）．

［320］张培刚．农业与工业化（上卷）农业国工业化问题初探［M］．武汉：华中科技大学出版社，2002.

［321］张培刚．土地改革与经济发展［J］．经济评论，1991（2）：1-7.

［322］张锐．双重二元经济结构下的农业发展［J］．北京社会科学，1991（4）：51-54.

［323］张森福，蔡昉．战后西方农业发展理论概述［J］．江西农业经济，1989（1）：21-24.

［324］张曙光．转变发展方式视野下的绿色经济发展［J］．前沿，2011（8）：110.

［325］张先恩．科技强国植根于深厚的基础研究［J］．中国科学院院刊，2017，32（5）：496-503.

［326］张志诚．生产力经济学基础问答［M］．北京：中国经济出版社，1987.

［327］赵红专，翟立新，李强．公共科研机构绩效评价的指标与方法［J］．科学学研究，2006.

［328］赵笑蕾．论新时代以人民为中心的发展思想新意涵［J］．理论学刊，2020（7）：5.

［329］郑飞虎，谷均怡，仲鑫．开放创新与跨国资本流动技术扩散的门槛效应研究［J］．经济与管理研究，2018，39（10）．

［330］郑霞，吴新玲．公共科研机构异化研究——广东省科研机构问卷调查分析［J］．科技管理研究，2014，34（22）．

［331］郑艳．农业经济管理的现状与发展趋势分析［J］．科技经济导刊，2020（19）：233.

［332］中共中央文献研究室．关于社会主义生态文明建设论述摘编［M］．北京：中央文献出版社，2017：25.

［333］中共中央宣传部．习近平新时代中国特色社会主义思想三十讲［M］．北京：学习出版社，2018：135.

［334］中国科学院可持续发展战略研究组．2012 中国可持续发展战略报告全球视野下的中国可持续发展［M］．北京：科学出版社，2012：237-238.

［335］钟阳胜．科学生产力效应理论导论［M］．北京：科学普及出版社，1990.

［336］仲伟周，陈玉洁．环境规制对异质性就业的影响机制及政策涵义——基于中国地级市动态面板数据的分析［J］．软科学，2019（3）．

［337］周大勇．发展经济学教程［M］．北京：中国财政经济出版社，2004：33.

［338］周德海．马克思生产力概念研究的回顾与反思［J］．南通大学学报，2013（2）．

［339］周俊生．地方政府莫再做企业上市推手［J］．国际金融报，2012（12）．

［340］周跃辉．把高质量发展作为构建新发展格局的主题［N］．成都日报，2021-03-17.

［341］周云波，陈岑，田柳．外商直接投资对东道国企业间工资差距的影响［J］．经济研究，2015（12）．

［342］朱方明．农业剩余劳动力转移理论评说［J］．经济学家，1995，4（4）：50-57.

［343］朱平壤．论宏观经济管理的若干特点［J］．管理世界，2001（1）．

后　记

当这本著作终于完稿时，我内心不免感慨万千，回想起来，历经艰辛。从新冠肺炎疫情形势严峻到被封控在家再到疫情防控全面放开，外界的环境确实对写作进度和心态都造成了一定影响，但为了完成书稿，我依然坚持一边写作一边整理成稿。最终完稿时，内心如释重负，既有对自己成书结果的喜悦，也有对艰难写作过程的感动，更有对支持我的家人、朋友、同事、导师、领导的感谢。

写这本书的初衷，一方面是出于对经济管理这门学科的热爱，在此领域长期耕耘，有了自己的一些浅见和思考，想给自己多年的研究做一个好的总结；另一方面是在多年研究的过程中，发现经济管理理论与发展方向的相关研究还不是特别系统，希望能通过自己的努力，为经济管理学科的系统研究添砖加瓦，为这门学科在未来发展得更加科学、更加系统贡献一份力量。故此，将自己历年来的工作实践研究进行了一个阶段性的总结，并将写作手稿进行了系统性的整理，着手准备了本书的编写工作。

在写这本书的过程中，我做了充分的准备工作，一方面是对自己过往的理论研究成果、工作实践结果、写作手稿等进行全面的梳理，整理成系统性的初稿；另一方面是不断自我革新，针对过往自己研究的不足之处，采取文献研究法，收集整理了国内外知名经济学学者最新的相关理论，从中借鉴和提炼出适用于本书的观点，并且结合自身工作实践的认识和感受，确定了本书写作的方向与基调。本书的写作，是将自身的工作实践经验与认知凝结成文字，期望形成一部专门研究经济管理理论与发展的著作，希望能为经济管理学科的理论与教学工作带来一些启发。

这本书抛开了单一阐述经济学理论知识的模式，将经济学理论与经济活动进行有机结合并加以分析，从经济活动现象来阐述经济学理论，让读者阅读起来能更感兴趣、更容易理解。

正值本书出版之际，在此特别感谢在本书的写作过程中所有鼓励过和提供过切实帮助的朋友、老师，本书的顺利完成有你们的支持、建议和无私奉献。

由于个人能力水平有限，加之工作的局限性，对经济管理理论与发展的理解上具有较强的主观性，在部分学术观点和分析论断上难免存在疏漏和偏差，不足之处敬请各位专家、广大读者批评指正！